Die Roten Hefte 80

First Responder

Eine lebensrettende Strategie

von
Prof. Dr. Gerhard Nadler
Professor für Organisation und
Recht des Rettungswesens

unter Mitarbeit von
Thomas Klusak
Brandamtsrat Berufsfeuerwehr München

Verlag W. Kohlhammer

Dieses Werk einschließlich aller seiner Teile ist urheberrechtlich geschützt. Jede Verwendung außerhalb der engen Grenzen des Urheberrechts ist ohne Zustimmung des Verlags unzulässig und strafbar. Das gilt insbesondere für Vervielfältigungen, Übersetzungen, Mikroverfilmungen und für die Einspeicherung und Verarbeitung in elektronischen Systemen.

Die Wiedergabe von Warenbezeichnungen, Handelsnamen und sonstigen Kennzeichen in diesem Buch berechtigt nicht zu der Annahme, dass diese von jedermann frei benutzt werden dürfen. Vielmehr kann es sich auch dann um eingetragene Warenzeichen oder sonstige geschützte Kennzeichen handeln, wenn sie nicht eigens als solche gekennzeichnet sind.

Die Abbildungen stammen – sofern nicht anders angegeben – vom Autor.

2., überarbeitete Auflage 2023

Alle Rechte vorbehalten
© W. Kohlhammer GmbH, Stuttgart
Gesamtherstellung: W. Kohlhammer GmbH, Stuttgart

Print: ISBN 978-3-17-037765-3

E-Book-Formate:
pdf: ISBN 978-3-17-037767-7
epub: ISBN 978-3-17-037768-4

Für den Inhalt abgedruckter oder verlinkter Websites ist ausschließlich der jeweilige Betreiber verantwortlich. Die W. Kohlhammer GmbH hat keinen Einfluss auf die verknüpften Seiten und übernimmt hierfür keinerlei Haftung.

Vorwort

In ländlichen Regionen trifft das erste Rettungsmittel meistens erst nach zehn Minuten oder noch später ein. Andererseits sind oft schon nach fünf Minuten Maßnahmen der Ersten Hilfe erforderlich, um schwerwiegende Schäden oder sogar den Tod des Patienten abzuwenden. Durch den Einsatz von First Response-Einheiten (örtliche Erste-Hilfe-Teams) kann dieses Problem gelöst werden. In der Regel kommt dafür nur die Ortsfeuerwehr in Frage, weil gerade in Ortschaften, in denen eine organisierte Erste Hilfe notwendig ist, die Sanitätsorganisationen meistens nicht ausreichend präsent sind.

Als First Response-Einheit ist ein örtliches Erste-Hilfe-Team einzuordnen, das der Aufgabenstellung entsprechend organisiert ist, mit mindestens zwei Leuten zum Einsatz kommt, eine anerkannte Mindestausbildung und Mindestausrüstung besitzt, über ein mit Sondersignalanlage und BOS-Funk ausgerüstetes Einsatzfahrzeug verfügt sowie von der zuständigen Rettungsleitstelle alarmiert wird. Der gebräuchlichste Ausdruck im Sprachgebrauch der Praktiker im Rettungswesen dafür ist wohl »First Responder«. Allerdings gibt es in verschiedenen Regionen der Bundesrepublik auch andere Bezeichnungen (z. B. in Hessen »Voraushelfer«). Deshalb wurde für diese Schrift der neutrale Ausdruck »First Response-Einheiten« gewählt. Der so genannte »Helfer vor Ort« des DRK unterscheidet sich von einer First Response-Einheit insbesondere dadurch, dass er in der Regel einzeln zum Einsatz kommt und dafür meistens ein Privatfahrzeug nutzt.

Vorwort

Diese Publikation richtet sich an alle Feuerwehrangehörigen, die im First Response-Dienst tätig sind, im First Response-Dienst tätig werden sollen oder sich nur über diese Aufgabe informieren möchten. Außerdem richtet sich die Publikation an alle Führungskräfte im Rettungswesen, die sich einen Überblick zu dieser Thematik verschaffen möchten.

Die erste Auflage dieser Schrift erschien im Jahr 2004. Die Kapitel 1, 2 und 3 waren von Gerhard Nadler verfasst worden. Der Abschnitt 3.1 unter Mitarbeit von Martin Caspari (Feuerwehrarzt aus Buseck), der Abschnitt 3.2 unter Mitarbeit von Nikolaus Jocham (Notarzt aus München). Für die nun vorliegende zweite Auflage wurden die Kapitel 1 und 2 komplett überarbeitet. Das Kapitel 3 wurde von Thomas Klusak durchgesehen und aktualisiert. Das Kapitel 4 der ersten Auflage, das damals von Jochen Maaß verfasst worden war, wurde durch ein neues viertes Kapitel ersetzt.

Mit den Arbeiten an dieser zweiten Auflage wurde bereits im Frühjahr 2020 begonnen. Aber die Coronapandemie und deren Auswirkungen verzögerten sowohl die Fertigstellung des Manuskriptes als auch die Drucklegung des Buches. Auch konnten die Informationen, die für den Abschnitt 2.2 benötigt wurden, von den Ministerien aufgrund der pandemiebedingten hohen Arbeitsbelastung zum Teil erst im Herbst 2020 zur Verfügung gestellt werden. Vor allem war aber die Anfertigung der Bilder aufgrund von Kontaktbeschränkungen im Bereich der Feuerwehren lange Zeit nicht möglich.

In dieser Auflage, die 20 Seiten umfangreicher als die erste Auflage ist, wurde ausführlich auf die Entwicklungen im Bereich First Response in den letzten Jahren eingegangen. Zudem wurde nun zur zivilrechtlichen und zur strafrechtlichen

Vorwort

Haftung sowie zu den relevanten medizinrechtlichen Aspekten wesentlich detaillierter ausgeführt.

An dieser Stelle möchte ich Herrn Rechtanwalt Christian Drschka (Friedberg/Hessen) für die kritische Durchsicht des Abschnitts 2.5 danken. Zudem möchte ich der Freiwilligen Feuerwehr Ottobrunn, vor allem deren Fotografen Klaus Fischer, für die Anfertigung der zahlreichen Fotos zu Kapitel 3 danken.

München, Oktober 2022

Prof. Dr. Gerhard Nadler

Inhalt

Vorwort	3
1 Einleitung	**9**
1.1 Begriffe	9
1.2 Die ersten drei Jahre	11
1.3 Das Modellprojekt Helfendorf	17
1.4 Die weitere Entwicklung	21
1.5 Entwicklung in den letzten Jahren	24
1.5.1 Entwicklung im Landkreis München	25
1.5.2 Entwicklung im Landkreis Rosenheim	27
1.5.3 Ausrückzeiten und Einsatzdauer	29
2 Aufgaben und rechtliche Aspekte	**31**
2.1 Aufgaben von First Response-Einheiten	31
2.2 Rechtliche Einordnung	35
2.3 Stellungnahme des Deutschen Feuerwehrverbandes (DFV)	45
2.4 Empfehlung des Ausschusses »Rettungswesen«	47
2.5 Rechtliche Aspekte zum First Response-Einsatz	58
2.5.1 Zivilrechtliche Haftung	58
2.5.2 Strafrechtliche Haftung	62
2.5.3 Sondersignale, Wegerecht und Sonderrechte	64
2.5.4 Medizinrechtliche Aspekte	67
3 Ausrüstung und Handlungsempfehlungen	**72**
3.1 Wichtige Ausrüstungsgegenstände	72

Inhalt

3.2 Handlungsempfehlungen zur Ersten Hilfe 76
3.2.1 Allgemeine Verhaltenshinweise 76
3.2.2 Handlungsempfehlungen für akut lebensbedrohliche
Notfallsituationen 78
3.2.3 Verhaltenshinweise für sonstige Notfallsituationen 87
3.2.4 Maßnahmen der ersten Untersuchung 97
3.2.5 Maßnahmen der erweiterten Ersten Hilfe 101

4 First Response-Systeme 113
4.1 Feuerwehren 113
4.2 Weitere Systeme 118

Fazit 121

Abkürzungen 123

Literaturverzeichnis 124

1 Einleitung

1.1 Begriffe

In vielen Regionen in Deutschland kommen bei medizinischen Notfällen heute »First Responder-Teams« von Freiwilligen Feuerwehren zum Einsatz. Dadurch soll bei zeitkritischen medizinischen Notfällen das so genannte therapiefreie Intervall verkürzt werden. Dieses Kapitel gibt einen Einblick in die Entwicklung des First Response-Dienstes bei Freiwilligen Feuerwehren, die 1993 in Bayern begann.

Begriff »First Responder«
Der Begriff »First Responder« kommt aus dem anglo-amerikanischen Sprachraum. Das englische Wort »response«, bedeutet wörtlich übersetzt »Antwort«, »Reaktion« oder »Rückmeldung«. Insofern kann »First Response« als »erste Reaktion« und »First Responder« als »der zuerst Reagierende« übersetzt werden. Diese Ersthelfer werden vor allem bei akut lebensbedrohlichen medizinischen Notfällen dem Rettungsdienst vorab geschickt, um durch Maßnahmen der erweiterten Ersten Hilfe die Zeit bis zum Eintreffen des Rettungsdienstes zu überbrücken.

Im deutschen Rettungswesen hat sich der Begriff »First Responder« als umgangssprachlicher Begriff für »Örtliche Einrichtungen organisierter Erster Hilfe (Ersthelfergruppen)« etabliert. Diese Ersthelfergruppen werden in verschiedenen Bundesländern und auch in Abhängigkeit davon, ob sie von einer Hilfsorganisation oder der Feuerwehr aufgestellt sind,

1 Einleitung

unterschiedlich bezeichnet. Bei Feuerwehren in Bayern ist der Begriff »First Responder« üblich. In Hessen werden diese Ersthelfer als »Feuerwehr-Voraushelfer« bezeichnet, in Nordrhein-Westfalen als »Feuerwehr-Notfallhelfer«. Im Verwaltungsrecht werden diese Ersthelfergruppen als »Örtliche Einrichtungen organisierter Erster Hilfe« bezeichnet.

Die Konzepte der Freiwilligen Feuerwehren in Deutschland sehen meist den Einsatz von zwei bis vier Ersthelfern vor, die über Funkmeldeempfänger alarmiert werden und dann mit einem im Feuerwehrgerätehaus stehenden Fahrzeug oder mit einem mitgeführten Einsatzfahrzeug zum Notfallort fahren. Bei vielen Feuerwehren stehen für den »First Response-Einsatz« speziell für diesen Zweck beschaffte Personenkraftwagen zur Verfügung. Bei Berufsfeuerwehren rückt zum »First Response-Einsatz« häufig ein Hilfeleistungslöschfahrzeug aus.

Die Helfer-vor-Ort-Systeme der Hilfsorganisationen arbeiten vielerorts nach einem etwas anderen Konzept; oft begeben sich nur einzelne Helfer mit einem Privatfahrzeug zum Notfallort.

Begriff »Therapiefreies Intervall«

Die Zeit vom Eintreten eines medizinischen Notfalls bis zum Einleiten wirkungsvoller (medizinischer) Maßnahmen wird »therapiefreies Intervall« genannt. In Abhängigkeit von der Art und Schwere des Notfalls kann der Notfallpatient das therapiefreie Intervall unterschiedlich lange tolerieren, ohne weitere gesundheitliche Schäden zu erleiden. Beim Herz-Kreislauf-Stillstand treten nach etwa fünf Minuten die ersten Gehirnschäden auf, wenn innerhalb dieser Zeit keine wirkungsvollen Erste-Hilfe-Maßnahmen eingeleitet werden.

1.2 Die ersten drei Jahre

Ähnlich ist die Situation beim Atemstillstand und bei anderen akuten Notfällen.

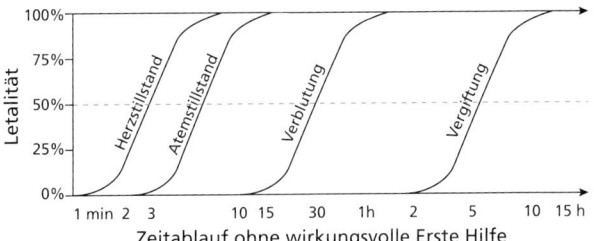

Bild 1: *Ohne wirkungsvolle Erste Hilfe versterben vor allem Notfallpatienten mit Herzstillstand und Atemstillstand innerhalb weniger Minuten (vgl. M. Cara: Notfallmedizin 9: 205).*

1.2 Die ersten drei Jahre

Dieser Abschnitt gibt einen Einblick in die erste Etappe der Entwicklung von Sommer 1993 bis Sommer 1996.

Idee und Hürden

Nikolaus Jocham und Gerhard Nadler, der Verfasser dieser Publikation, machten bei Einsätzen im Rettungsdienst mit langen Anfahrten im ländlichen Raum immer wieder die Beobachtung, dass bei einer Parallelalarmierung der Ortsfeuerwehr, beispielsweise bei Verkehrsunfällen, die Freiwillige Feuerwehr stets nach wenigen Minuten am Einsatzort war. Eine

1   Einleitung

Hospitation des Verfassers im Rettungsdienst in Poway, Carlsbad und Oceanside (San Diego County, Kalifornien/USA), vor allem die Erfahrungen mit den dort als »First Responder« zum Einsatz kommenden Besatzungen von Löschfahrzeugen, veranlasste die beiden im Jahr 1993 über ein in Deutschland umsetzbares First Response-Konzept nachzudenken. Im nördlichen Landkreis München dachten zu dieser Zeit, das sollte sich aber erst später herausstellen, die Notärzte Dr. Andreas Dauber und Dr. Peter Rupp sowie Maximilian Eichner (FF Oberschleißheim) und Hans Hüfner (FF Unterschleißheim), inspiriert durch Berichte aus den USA, ebenfalls über ein Konzept zum Einsatz von Ortsfeuerwehren als First Responder nach.

Zur Umsetzung ihres im Sommer 1993 erstellten Konzeptes riefen Gerhard Nadler, Nikolaus Jocham und Dr. Norbert Schmitz im Herbst 1993 schließlich die »ARGE: Erste-Hilfe-Trupps« ins Leben, der sich im Frühjahr 1994 einige Rettungsdienstmitarbeiter der Johanniter-Unfall-Hilfe Ottobrunn und auch der Feuerwehrarzt Dr. Christoph Schmitt-Hausser aus Neubiberg anschlossen. Angedacht war in den oberbayerischen Landkreisen Ebersberg, München und Rosenheim ein Modellprojekt mit Erste-Hilfe-Trupps von Ortsfeuerwehren durchzuführen. Aus Gesprächen mit dem damaligen Leiter der Rettungsleitstelle München, die vom BRK betrieben wurde, und mit Mitgliedern von Kreisbrandinspektionen in den drei Landkreisen ging hervor, dass gegenüber einem First Response-Dienst durch Feuerwehren erhebliche Vorbehalte bestanden. Deshalb wurde in der ARGE zunächst über eine Strategie nachgedacht, die letztlich die Realisierung eines Modellprojektes ermöglichen könnte.

1.2   Die ersten drei Jahre

Politik und Medien

Der ARGE erschien es am wahrscheinlichsten das angedachte Modellprojekt mittelfristig durch die Unterstützung eines hochrangigen Landespolitikers einer etablierten Oppositionspartei realisieren zu können. Diese Überlegung basierte zum einen auf der Funktion der Opposition in einer Demokratie und zum anderen auf Erkenntnissen der Sozialwissenschaften. Letztlich konnte Professor Dr. Jürgen Doeblin, damals Fraktionsvorsitzender der FDP im Bayerischen Landtag, der sich schon früher für das Rettungswesen engagierte, für die Idee begeistert werden. Zunächst fand am 28. Oktober in Keferloh (Landkreis München) ein Expertengespräch statt an dem Prof. Doeblin, die drei Mitglieder der ARGE sowie eine große Zahl an Führungskräften von Feuerwehren aus den Landkreisen Ebersberg, München und Rosenheim teilnahmen. Die meisten Führungskräfte der anwesenden Feuerwehren zeigten sich bezüglich einer Teilnahme am angedachten Modellprojekt der ARGE sehr interessiert.

Daraufhin lud Prof. Doeblin das BR-Fernsehen und die regionalen Tageszeitungen für den 2. November 1993 zu einer Pressekonferenz nach Aying (Landkreis München) ein, um ein Konzept zur Verkürzung des therapiefreien Intervalls durch Feuerwehr-Ersthelfer vorzustellen. Die überregionale Presse und den Hörfunk lud er zu einer Pressekonferenz am 3. November in den Bayerischen Landtag ein. In Aying wurde dem Fernsehteam und den Reportern der Tageszeitungen ein Einsatz eines Feuerwehr-Erste-Hilfe-Trupps demonstriert. Die ARGE stellte ihr Konzept vor und der Politiker gab Interviews in denen er betonte, das Konzept und das angedachte Modellprojekt zu unterstützen.

1 Einleitung

Bild 2: *Pressetermin November 1993 in Aying. Die Initiatoren stehend (v.l.n.r.) Gerhard Nadler und Nikolaus Jocham*

Medienberichte und Folgen

Am Abend des 2. November berichtete das Bayerische Fernsehen in der Abendschau und auch in diversen Nachrichtensendungen über das Konzept, das angedachte Modellprojekt und die von der FDP-Fraktion im Bayerischen Landtag zugesagte Unterstützung. Am 3. November berichteten die regionalen Tageszeitungen. Am 4. und 5. November berichteten überregionale Tageszeitungen und der Hörfunk.

In den folgenden Tagen und Monaten kam es zu kontroversen Diskussionen. Während sich viele Freiwillige Feuerwehren für den First Response-Dienst aussprachen, sprachen sich

14

1.2   Die ersten drei Jahre

Funktionsträger von Feuerwehr auf der überörtlichen Ebene und Funktionäre von Hilfsorganisationen dagegen aus. Die Argumente der Feuerwehrfunktionäre waren vor allem der Ausbildungsaufwand, die Kosten und bestehende Probleme mit der Tagesalarmsicherheit. Von Seite der Hilfsorganisationen wurden eine mögliche Beeinträchtigung der bewährten Aufgabenteilung zwischen Feuerwehr und Hilfsorganisationen und rechtliche Bedenken angeführt.

Aufgrund der Medienberichte und verschiedener politischer Initiativen des Landtagsabgeordneten mussten sich in den folgenden Monaten die Staatsregierung, das Innenministerium sowie weitere Behörden, Institutionen und Gremien mit der Idee, den Konzepten aus dem südlichen und dem nördlichen Landkreis München und den angedachten Modellprojekten beschäftigen. Insbesondere auch, weil die Berichterstattung in den Massenmedien anhielt und auch in Fachkreisen zunehmend über die Idee und verschiedene Konzepte diskutiert wurde.

Konzept der ARGE

Der Lösungsansatz im Konzept der ARGE, um das therapiefreie Intervall zu verkürzen, lautete:

»In Ortschaften, die sieben Minuten Fahrzeit oder weiter von der nächsten Rettungswache entfernt liegen, sollen bei akuten Notfällen Erste-Hilfe-Trupps der Feuerwehr von der Rettungsleitstelle über die Feuerwehr-Alarmzentrale zeitgleich mit dem Rettungsdienst über Meldeempfänger alarmiert werden. Die Mitglieder des Erste-Hilfe-Trupps sollen – wie bei anderen Feuerwehreinsätzen auch – von Zuhause oder vom Arbeits-

1 Einleitung

platz zum Feuerwehrhaus eilen und mit einem Feuerwehr-
fahrzeug (z. B. Mannschaftstransportwagen) zum Notfallort
fahren. Dort sollen mindestens zwei Mann abgesetzt werden,
um Erste Hilfe zu leisten. Anschließend soll die restliche
Besatzung des Feuerwehrfahrzeuges ab dem Ortseingang
die Lotsung der Rettungsfahrzeuge zum Notfallort überneh-
men und gegebenenfalls die Besatzung des Rettungshub-
schraubers vom Landeplatz zum Einsatzort bringen. Nach
diesem Konzept sollten die Feuerwehr-Ersthelfer eine kurze,
zusätzliche Erste-Hilfe-Ausbildung erhalten, um mit einer spe-
ziell zusammengestellten Rettungstasche erweiterte Erste Hilfe
leisten zu können.«

Für die Feuerwehr sprach, dass nahezu in jeder Ortschaft eine
Freiwillige Feuerwehr existiert, deren Angehörige darauf eingerichtet sind, rund um die Uhr und innerhalb kürzester Zeit
auszurücken. Außerdem verfügen die Feuerwehren über Kom-
munikationssysteme, über Einsatzfahrzeuge mit Sondersignalanlage sowie über Ausrüstungsgegenstände, die für ein sol-
ches Ersthelfer-System notwendig sind.

Projekte und Ergebnisse
Am 11. April 1994 teilte der im Bayerischen Staatministerium
des Innern zuständige Ministerialrat mit, dass das Innenministerium keine Einwände gegen die angedachten Modellprojekte haben. In den Monaten davor und auch danach mussten von
Mitgliedern der ARGE zahlreiche Gespräche geführt werden,
um leitende Beamte in Behörden und Funktionäre von Organisationen zu überzeugen. Gleiches kann für die Initiative aus
dem nördlichen Landkreis gesagt werden.

| 1.3 | Das Modellprojekt Helfendorf |

Im Herbst 1994 startete schließlich das Modellprojekt der Initiative aus dem nördlichen Landkreis München bei den Feuerwehren Aschheim, Oberschleißheim und Unterschleißheim. Im Frühjahr 1995 startete das Modellprojekt der ARGE bei der Feuerwehr Helfendorf im südlichen Landkreis München. Das Modellprojekt der ARGE startete später, da es mit dem Rettungszweckverband einen Dissens zur Länge der notwendigen Ausbildung und zu dem am besten geeigneten Notfallbeatmungs-System gab. Aufgrund der von den Rettungszweckverbänden »verordneten« längeren Ausbildung zogen sich mehrere ursprünglich interessierte Feuerwehren wieder zurück. Beide Projekte, deren Konzepte sich in mehreren Details unterschieden, verliefen erfolgreich.

1.3 Das Modellprojekt Helfendorf

Das Modellprojekt in Helfendorf wurde im Wesentlichen entsprechend dem oben beschriebenen Konzept der ARGE durchgeführt. Allerdings musste die Ausbildung auf Drängen des Rettungszweckverbandes auf 72 Stunden ergänzt werden. Ebenso musste auf Beutel-Masken-Beatmung umgestellt werden, obwohl sich die Initiatoren aus guten Gründen ursprünglich für das von Enzmann et al. beschriebene Maske-Filter-System mit Sauerstoffzufuhr entschieden hatten. Das Modellprojekt wurde von den Initiatoren wissenschaftlich begleitet und die Erkenntnisse in einem Studienbericht aufgearbeitet. Beobachtet wurde der Zeitraum Mai 1995 bis einschließlich Juni 1996. In diesen 14 Monaten kam es zu 65 Alarmierungen des Erste-Hilfe-Trupps der Freiwilligen Feuerwehr Helfendorf.

1   Einleitung

Im Rahmen der Studie sollte überprüft werden, inwieweit das dem Modellprojekt zugrunde liegende Konzept sinnvoll und mit vertretbarem Aufwand zu realisieren ist.

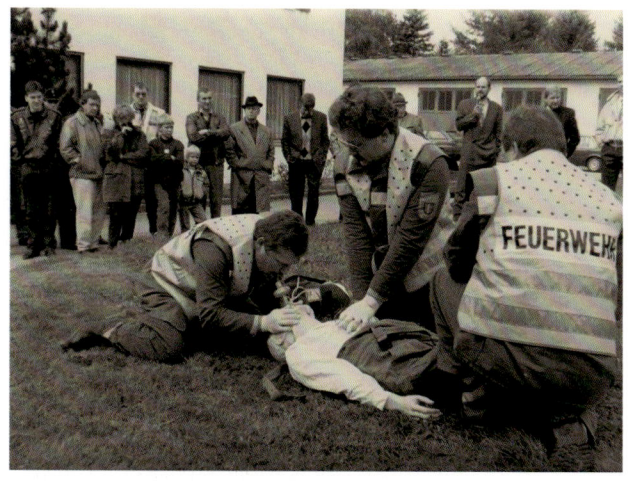

Bild 3:   *Info-Veranstaltung FF Helfendorf 1994*

Zum Verständnis ist an dieser Stelle noch Folgendes zu erwähnen: Die beiden nächsten Rettungswagen hatten je nach Verkehrsbedingungen und genauem Einsatzort im Gemeindegebiet Aying eine Anfahrt von 10 bis 13 Minuten bzw. 13 bis 18 Minuten. Die ersten sieben Monate des Beobachtungszeitraums rückte der Erste-Hilfe-Trupp mit einem Löschgrup-

1.3 Das Modellprojekt Helfendorf

penfahrzeug, LF 8, aus, die letzten sieben Monate mit einem Pkw-Kombi.

Die abschließend durchgeführte Datenanalyse ergab Folgendes:

- Im Durchschnitt lag die Ausrückzeit, also die Zeit von der Alarmierung des Feuerwehrangehörigen zu Hause oder am Arbeitsplatz bis zum Abrücken vom Gerätehaus, bei etwa zweieinhalb Minuten.
- Im südlichen Gemeindegebiet betrug die durchschnittliche Fahrzeit mit dem Löschfahrzeug knapp drei Minuten, mit dem Pkw war der Erste-Hilfe-Trupp hier etwa eine halbe Minute schneller. Im nördlichen Gemeindegebiet lag die durchschnittliche Fahrzeit mit dem LF bei etwa vier Minuten, mit dem Pkw war die Wehr eine halbe bis eine Minute schneller. Damit lag der Zeitvorsprung gegenüber dem ersteintreffenden Rettungsmittel im Durchschnitt bei sechs bis sieben Minuten.

Im Rahmen dieses Projektes wurden ferner folgende Erfahrungen gemacht:

Während des Beobachtungszeitraumes war die Einsatzfrequenz ausreichend für die Erhaltung von Motivation und Praxis der Einsatzkräfte. Andererseits kam es mit vier bis fünf Alarmen pro Monat zu keiner übermäßigen zeitlichen Belastung. Das System war bei allen Alarmen verfügbar, obwohl kein Bereitschaftsdienst eingerichtet war. Wie bei der Freiwilligen Feuerwehr üblich, wurde die Einsatzbereitschaft durch die gerade am Ort anwesenden Feuerwehrleute gewährleistet. Erfahrungsgemäß ist hierfür die dreifache Einsatzstärke aus-

1 Einleitung

reichend. Um das Ausrücken von drei bis fünf Mann sicherzustellen, sind somit neun bis 15 Teammitglieder notwendig.

Die Arbeitgeber der Feuerwehrleute, die ihren Arbeitsplatz
wegen eines Einsatzes verlassen mussten, akzeptierten das
neue Aufgabengebiet. Sie forderten auch in keinem einzigen
Fall einen Ersatz der Kosten. Die eigentliche Stärke von Erste-
Hilfe-Teams liegt im Zeitvorteil gegenüber dem Rettungsdienst. Bei Unfällen mit einer größeren Anzahl von Verletzten
hat es sich jedoch als günstig erwiesen, den Erste-Hilfe-Trupp
auch dann einzusetzen, wenn er erst einige Zeit nach den
ersten Rettungsmitteln eintrifft. Ein Großteil der dort anfal-
lenden Aufgaben kann von Einsatzkräften mit einer medizinischen Mindestausbildung besser erfüllt werden als von Einsatzkräften ohne diese Ausbildung. Darüber hinaus konnten
die Patienten bei allen Notfällen im Freien vom Erste-Hilfe-
Trupp sachgerecht vor Witterungseinflüssen geschützt werden.

Das ursprüngliche Konzept beinhaltete eine Ausbildungsdauer von 16 Unterrichtseinheiten (gleich zwölf Zeitstunden)
aufbauend auf einem Erste-Hilfe-Kurs mit 16 Unterrichtseinheiten (gleich acht Doppelstunden), also insgesamt 24 Zeitstunden. Nach Meinung der Initiatoren des Projektes war es
möglich, in dieser Zeit die notwendigen Fähigkeiten zu ver-
mitteln. Allerdings hat sich gezeigt, dass eine Ausbildungsdauer von etwa 45 Unterrichtseinheiten angemessener ist. In
dieser Zeit kann die Zusammenarbeit mit dem Rettungsdienst
stärker berücksichtigt werden. In weiteren vier Unterrichtseinheiten kann die Anwendung von automatisierten externen
Defibrillatoren (AED) vermittelt werden. Als Ansatzpunkt für

1.4   Die weitere Entwicklung

die Dauer der Ausbildung muss immer das Anforderungs- und Qualifikationsprofil gelten.

Der Meinungsstreit um das richtige Notfall-Beatmungssystem erledigte sich durch die Markteinführung des OXYLATOR® FR-300.

Als Gesamtergebnis ist festzuhalten:

Das Konzept hat sich als sinnvoll erwiesen. Es ist mit vertretbarem Aufwand zu realisieren.

1.4   Die weitere Entwicklung

Nach dem erfolgreichen Verlauf der Modellprojekte waren aus Sicht des Verfassers für die Akzeptanz und die Verbreitung sowie die Konturen von First Response-Systemen folgende Aspekte von wesentlicher Bedeutung:

Zum einen war dies die vom Institut für Bildung und Systemforschung im Rettungswesen e. V. (IBSR), das aus der ARGE hervorgegangen war, ausgerichtete Tagung im Februar 1999, zu der mehr als 200 Führungskräfte von Feuerwehren und Hilfsorganisationen aus ganz Süddeutschland nach Neubiberg kamen. Diese Tagung wurde von den Initiatoren der First Responder-Modellprojekte im südlichen und im nördlichen Landkreis München getragen. Die Schwerpunkte dieser Tagung, die auf dem Universitätscampus in Neubiberg stattfand, waren eine Bestandsaufnahme vorzunehmen und einen Gedankenaustausch herbeizuführen. Zum Kreis der Referenten gehörten neben Vertretern der Initiativen aus dem südlichen und nördlichen Landkreis unter anderem je ein hochrangiger

1   Einleitung

Vertreter des Bayerischen Landesfeuerwehrverbandes und des Bayerischen Roten Kreuzes sowie Günter Hölzl, Oberbranddirektor der Berufsfeuerwehr München, sowie Joachim Wahnschaffe, Mitglied des Bayerischen Landtages.

Zum anderen war dies die Veranstaltung des Kreisfeuerwehrverbandes Bad Tölz-Wolfratshausen im Oktober 2000. In der oberbayerischen Kurstadt Bad Tölz waren der Einblick in ausländische First Responder-Systeme und die Weiterentwicklung des First Responders im deutschen Rettungswesen die zentralen Aspekte. Während den Besuchern Gelegenheit geboten wurde am Notfallparcours »Hand anzulegen«, arbeiteten Experten in fünf verschiedenen Arbeitsgruppen (Einsatztaktik, Ausrüstung, Ausbildung, Auswertung und Finanzierung) an Vorschlägen zur Verbesserung und Weiterentwicklung des bisherigen Systems. Die Vorschläge wurden später im Plenum diskutiert und dann als Empfehlung verabschiedet.

Zu einem wegweisenden Ergebnis kam man in der Arbeitsgruppe Ausbildung: Die Ausbildung von 72 Stunden plus acht Stunden für die Anwendung von AED sollte aufgegeben werden. Standard sollte vielmehr eine Grundausbildung von 48 Stunden werden. Wobei 24 Stunden im Rahmen der Feuerwehrgrundausbildung und weitere 24 Stunden im Rahmen einer First Responder-Grundausbildung erbracht werden müssen. Schwerpunkt dieser Ausbildung soll die Herz-Lungen-Wiederbelebung einschließlich Defibrillation, wie mit AED, sein, sie soll aber auch die Basisversorgung von Trauma-Patienten beinhalten.

Die Ausschussmitglieder J. Bernlochner (Kreisfeuerwehrarzt Bad Tölz-Wolfratshausen), K.-G. Kanz (LMU München),

1.4 Die weitere Entwicklung

N. Jocham (IBSR Neubiberg) und W. Russ (LMU München) konnten ihre Kollegen im Ausschuss und auch das Plenum mit folgenden Argumenten überzeugen: Durch die Ausbildungsdauer von 72 Stunden plus acht fühlte sich der Großteil der Freiwilligen Feuerwehren überfordert, was zur Folge hatte, dass bisher zu wenige als First Responder aktiv wurden. Um im Kampf gegen den plötzlichen Herztod erfolgreich zu sein, müsse das System aber nahezu flächendeckend sein. Zum zeitlichen Umfang der neuen Ausbildung lägen im Übrigen positive Erfahrungswerte vor. Zur Anwendung von AED konnte Dr. Russ (LMU München) mit einer großen wissenschaftlichen Studie nachweisen, dass dafür eine Ausbildungsdauer von vier Unterrichtsstunden ausreichend ist. Die Empfehlung wurde am 28. Oktober 2000 auch von den Feuerwehrärzten im Bayerischen Feuerwehrverband angenommen.

Auf Grundlage der Diskussionen in Fachkreisen und den in den Modellprojekten gemachten Erfahrungen verabschiedete der »Ausschuss Rettungswesen«, das ist das Gremium der in den Länderministerien für den Rettungsdienst zuständigen leitenden Ministerialbeamten, im September 2002 die Empfehlung »Eckpunkte für örtliche Einrichtungen organisierter erster Hilfe«. Auf Basis dieser Empfehlung hat sich der First Response-Dienst seither weiterentwickelt.

Herangezogene und weiterführende Literatur:
Bastl, B. (2018); Enzmann et al. (1993); Nadler, G./Jocham, N. (1998a); Nadler, G./Jocham, N. (1998b); Nadler, G. (1999); Nadler, G. (2001); Poguntke (1996)

1 Einleitung

1.5 Entwicklung in den letzten Jahren

Wer sich gegenwärtig, also mehr als 25 Jahre nach dem Start der ersten First Response-Projekte im Landkreis München, ein Bild von der Entwicklung des First Response-Dienstes bei den Feuerwehren in Deutschland machen möchte, dem wird dies kaum gelingen. In den meisten Bundesländern sind auf Landesebene die dafür notwendigen Informationen und Zahlen nicht verfügbar.

Der Grund hierfür ist, dass First Response-Einheiten nicht zum Rettungsdienst gehören und damit z. B. auch nicht in die offiziellen Statistiken eingehen. Der First Response-Dienst wird in Abstimmung mit kommunalen Gebietskörperschaften (Gemeinden und Landkreisen) als ein »freiwilliger Zusatzdienst« angeboten. Die Informationen und Zahlen dürften zwar bei allen kommunalen Gebietskörperschaften vorhanden sein, diese Daten zusammenzutragen, wäre aber kaum möglich. Deshalb kann an dieser Stelle leider kein Abriss der Entwicklung des First Response-Dienstes bei den Feuerwehren in ganz Deutschland gegeben werden, aber es kann auf die Entwicklung in zwei oberbayerischen Landkreisen exemplarisch eingegangen werden, in denen sich zahlreiche Freiwillige Feuerwehren bereits im Herbst 1993 für den First Response-Dienst aussprachen.

Während im Landkreis München nach anfänglichen Vorbehalten ab Frühjahr 1994 die Pilotprojekte von vielen Entscheidungsträgern im Rettungswesen, unter ihnen der damalige Kreisbrandrat Adolf Fritz, unterstützt wurden, standen die relevanten Entscheidungsträger in anderen Landkreisen, auch

1.5 Entwicklung in den letzten Jahren

im Landkreisen Rosenheim, einem First Response-Dienst bei Feuerwehren noch lange Zeit ablehnend gegenüber.

Nachfolgend wird aus der Studie von Bast referiert, die den Zeitraum vom 01.01.2010 bis 30.06.2015 fokussiert. Bastl leuchtet in dieser Studie die Entwicklung in den Landkreisen München und Rosenheim in den Jahren 2010 bis 2015, also vom 15. Jahr bis zum 20. Jahr nach dem Start der ersten Frist Response-Projekte im Landkreis München, aus.

1.5.1 Entwicklung im Landkreis München

Der Landkreis München umschließt im Norden, Osten und Süden sichelförmig die Landeshauptstadt München und hat eine Fläche 667,24 km². Die zwei Städten und 27 Gemeinden des Landkreises hatten Mitte des Jahres 2015 zusammen 330.753 Einwohner. Der Landkreis München und die Stadt München bilden den gleichnamigen Rettungsdienstbereich.

FR-Standorte und FR-Einsatzkräfte

Mitte des Jahres 2015 führten 16 Freiwilligen Feuerwehren den Frist Response-Dienst durch. Die nachfolgende Abbildung zeigt die Entwicklung der Aufnahme des Dienstes von 1994 bis 2015.

Im Juni 2015 waren im Landkreis München insgesamt 514 Feuerwehrleute im FR-Dienst aktiv.

1   Einleitung

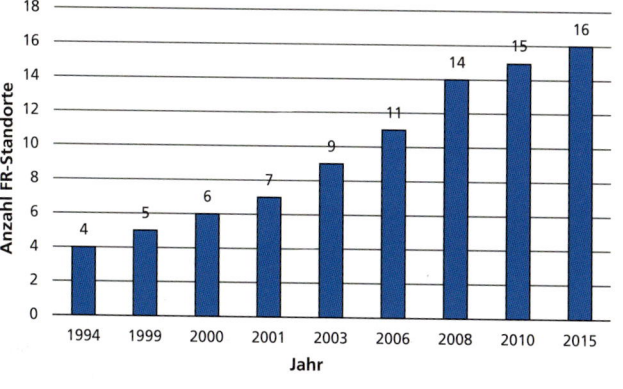

Bild 4: *Entwicklung der FR-Standorte im Landkreis München nach Jahren der Dienstaufnahme (Grafik nach Bastl 2018)*

FR-System

Mitte des Jahres 2015 waren im Landkreis München drei verschiedene FR-Systeme etabliert. Von sechs Feuerwehren wurde das mobile System umgesetzt, von fünf Feuerwehren das stationäre System. Eine Feuerwehr setzte das mobile System mit Aufnahme eines oder mehreren FR-Einsatzkräften auf dem Weg zum Notfallort um.

Insgesamt setzten neun FR-Einheiten ein Fahrzeug und sieben FR-Einheiten zwei Fahrzeuge im FR-Dienst ein. Dabei kamen 16 eigens für den FR-Dienst beschaffte Fahrzeuge und sieben reguläre Feuerwehrfahrzeuge zum Einsatz.

1.5 Entwicklung in den letzten Jahren

Entwicklung der Einsatzzahlen

In den Jahren 2010 bis 2014 waren 15 der 16 FR-Standorte aktiv. In diesem Zeitraum wurden 14.930 Einsätze geleistet. Damit lag der Jahresdurchschnitt aller FR-Einsätze im Landkreis in diesem Zeitraum bei 2.986 Einsätzen.

1.5.2 Entwicklung im Landkreis Rosenheim

Der Landkreis Rosenheim liegt im Südosten der Metropolregion München und hat eine Fläche von 1.438 km^2. Die drei Städte und 43 Gemeinden hatten Mitte des Jahres 2015 zusammen 250.752 Einwohner. Der Landkreis Rosenheim, die kreisfreie Stadt Rosenheim und der Landkreis Miesbach bilden den Rettungsdienstbereich Rosenheim.

FR-Standorte und FR-Einsatzkräfte

Mitte des Jahres 2015 führten sieben Freiwillige Feuerwehren den First Response-Dienst durch. Die nachfolgende Abbildung zeigt die Entwicklung der Aufnahme des Dienstes von 1999 bis 2015. Im Juni 2015 waren im Landkreis Rosenheim insgesamt 204 Feuerwehrleute im FR-Dienst aktiv.

1   Einleitung

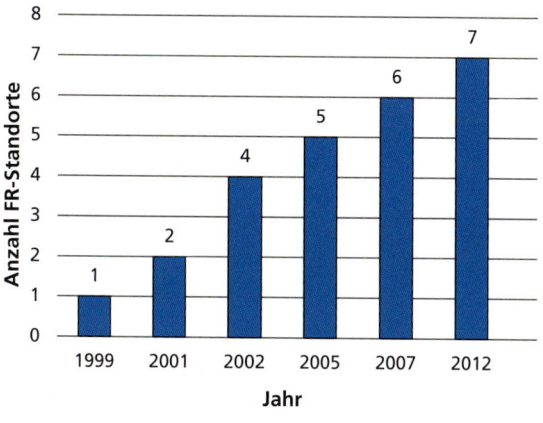

Bild 5: *Entwicklung der FR-Standorte im Landkreis Rosenheim nach Jahren der Dienstaufnahme (Grafik nach Bastl 2018)*

FR-System

Mitte des Jahres 2015 waren im Landkreis Rosenheim drei verschiedene FR-System etabliert. Von drei Feuerwehren wurde das mobile System umgesetzt, von drei Feuerwehren das mobile System mit Aufnahme einer oder mehrerer FR-Einsatzkräfte auf dem Weg zum Notfallort. Eine Feuerwehr setzte das stationäre System um. Alle FR-Einheiten setzen ein Fahrzeug für den FR-Dienst ein. Dabei verwendeten sechs Einheiten ein eigens für den FR-Dienst angeschafftes Fahrzeug und ein Standort setzte ein reguläres Feuerwehrfahrzeug ein.

1.5   Entwicklung in den letzten Jahren

Entwicklung der Einsatzzahlen

In den Jahren 2010 und 2011 waren sechs der sieben FR-Standorte aktiv. In diesem Zeitraum wurden insgesamt 2.253 Einsätze geleistet. In den Jahren 2012 bis 2014, in denen alle FR-Standorte aktiv waren, wurden insgesamt 3.861 Einsätze geleistet. Damit lag der Jahresdurchschnitt aller FR-Einsätze im Landkreis in diesem Zeitraum bei 1.287 Einsätzen.

1.5.3 Ausrückzeiten und Einsatzdauer

Zur Berechnung der Ausrückzeiten und der Einsatzdauer wurden die durch das Funkmeldesystems (FMS) erfasste Daten von FR-Einsatzfahrzeugen von insgesamt 16 FR-Standorten in den Landkreisen München (10 Standorte) und Rosenheim (6 Standorte) herangezogen. Die Daten wurden von den zuständigen Leitstellen zur Verfügung gestellt.

Der Beobachtungszeitraum erstreckte sich vom 01.01.2015 bis zum 30.06.2015. Die Gesamtanzahl der Einsätze dieser FR-Einheiten in diesem Zeitraum betrug 1.302, davon 702 Einsätze im Landkreis München und 600 Einsätze im Landkreis Rosenheim.

1   Einleitung

Tabelle 1: *Vergleich der Landkreise München und Rosenheim (1. Januar bis 30. Juni 2015)*

	Landkreis München	**Landkreis Rosenheim**
Mobiles System	Die durchschnittliche Ausrückzeit lag bei 1 Minute und 35 Sekunden (Minimum: 1 Minuten und 23 Sekunden, Maximum: 1 Minute und 49 Sekunden).	Die durchschnittliche Ausrückzeit lag bei 2 Minuten und 18 Sekunden (Minimum: 2 Minuten und 3 Sekunden, Maximum: 2 Minuten und 47 Sekunden).
Stationäres System	Die durchschnittliche Ausrückzeit lag 2 Minuten und 54 Sekunden (Minimum: 2 Minuten und 3 Sekunden, Maximum: 3 Minuten und 38 Sekunden).	Keine Auswertung möglich, da keine Daten vorlagen.
Einsatzdauer	Die durchschnittliche Einsatzdauer betrug 22 Minuten und 27 Sekunden (Minimum: 17 Minuten und 50 Sekunden, Maximum: 27 Minuten und 30 Sekunden).	Die durchschnittliche Einsatzdauer betrug 26 Minuten und 13 Sekunden (Minimum: 22 Minuten und 19 Sekunden, Maximum: 29 Minuten und 56 Sekunden).

Herangezogene und weiterführende Literatur:
Bastl, B (2018)

2 Aufgaben und rechtliche Aspekte

2.1 Aufgaben von First Response-Einheiten

Die Zeit vom Eintreten eines medizinischen Notfalls bis zur Einleitung wirkungsvoller (medizinischer) Maßnahmen wird, wie bereits in Kapitel 1 erläutert, als »therapiefreies Intervall« bezeichnet. In Abhängigkeit von Art und Schwere des Notfalls kann der Patient das so genannte therapiefreie Intervall unterschiedlich lange tolerieren, ohne weitere gesundheitliche Schäden zu erleiden. Beim Herz-Kreislauf-Stillstand treten nach etwa fünf Minuten die ersten Gehirnschäden auf, wenn innerhalb dieser Zeit keine wirkungsvollen Erste-Hilfe-Maßnahmen eingeleitet werden. Ähnlich ist die Situation beim Atemstillstand und bei anderen akuten Notfällen.

Die statistische Auswertung der Eintreffzeiten des Rettungsdienstes in den ländlichen Regionen der Bundesrepublik Deutschland gegen Ende des letzten Jahrtausends ergab im Durchschnitt eine Eintreffzeit von etwa zehn Minuten; 95 % dieser Einsatzorte wurden innerhalb von 18 Minuten erreicht, 5 % noch später.

An dieser Situation hat sich im neuen Jahrtausend nichts zum Positiven verändert. Betrachtet man die Entwicklung der Eintreffzeiten des ersten Rettungsmittels bei Notfalleinsätzen in der Bundesrepublik von 1994 bis 2017, ist eine ständige Zunahme der Eintreffzeiten festzustellen. Verantwortlich dafür

2 Aufgaben und rechtliche Aspekte

ist die ständig steigende Zahl der Einsätze des Rettungsdienstes. Im Zeitraum von 1994 bis 2017 hat sich die Anzahl der Notfalleinsätze des Rettungsdienstes verdoppelt.

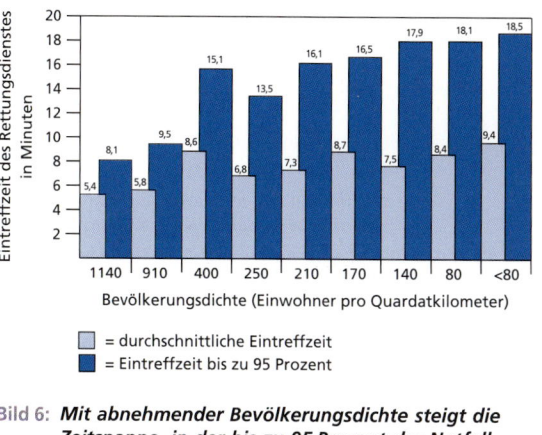

= durchschnittliche Eintreffzeit
= Eintreffzeit bis zu 95 Prozent

Bild 6: *Mit abnehmender Bevölkerungsdichte steigt die Zeitspanne, in der bis zu 95 Prozent der Notfallpatienten durch den Rettungsdienst erreicht werden können, auf über 18 Minuten an (vgl. R. Schmiedel/M. Unterkofler: Notfallmedizin 11: 1343).*

2.1   Aufgaben von First Response-Einheiten

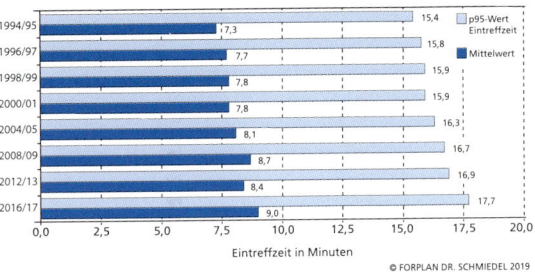

Bild 7: *Eintreffen des ersten Rettungsmittels bei Notfällen in der Bundesrepublik Deutschland von 1994 bis 2017 (Anfahrt mit Sonderrechten) (Quelle: Behrend, H. et al. 2020)*

NOTFALLEINSÄTZE IN MIO.

Bild 8: *Entwicklung des Einsatzaufkommens in der Bundesrepublik Deutschland von 1985 bis 2017; ab 1993 einschließlich der neuen Länder (Quelle: Behrend, H. et al. 2020).*

2 Aufgaben und rechtliche Aspekte

Andererseits waren und sind die meisten Bürger, wie Untersuchungen aus verschiedenen Dekaden zeigen, kaum in der Lage wirksame Erste Hilfe zu leisten.

Sinn und Zweck der Einrichtung von First Response-Systemen ist es, das therapiefreie Intervall bei zeitkritischen (medizinischen) Notfällen bis zum Eintreffen des Rettungsdienstes durch eine effektive und erweiterte Erste Hilfe zu überbrücken sowie den Rettungsdienst nach dem Eintreffen zu unterstützen. Daraus ergeben sich die allgemeine Aufgabenstellung wie auch die Art und Weise der Organisation (letztere kann von Ort zu Ort differieren), die durchzuführenden Maßnahmen, die dafür erforderliche Ausrüstung und die notwendige Ausbildung. Der Aspekt der Systemverträglichkeit mit den anderen Komponenten des Rettungswesens sowie die Grenze des vertretbaren Aufwandes sind jedoch zu beachten.

First Response-Einheiten sollten insbesondere bei Herz-Kreislauf-Stillstand, Atemstillstand, Bewusstlosigkeit, Atemnot, Herzinfarktsymptomatik, Schlaganfallsymptomatik, starker äußerer Blutung sowie zum Schutz des Patienten vor extremer Witterung (z. B. Patient mit gebrochenem Bein liegt im Schnee) zum Einsatz kommen.

Aber auch die Lotsung der bodengebundenen Rettungsmittel (RTW, NEF und NAW) vom Ortseingang bzw. einem abgesprochenen Punkt zum Notfallort sowie gegebenenfalls der Transport der RTH-Besatzung vom Landeort zum Notfallort verkürzen das therapiefreie Intervall. Dies kann daher zur allgemeinen Aufgabenstellung zählen. Entscheidend dafür, ob dies zur Aufgabenstellung zählt, sind die regionale und örtliche Situation. Erfolgt keine Lotsung, ist das Einsatzfahrzeug möglichst so abzustellen, dass vom nachkommenden

2.2 Rechtliche Einordnung

Rettungsdienst der Einsatzort möglichst schnell gefunden werden kann (d.h. Fahrzeug soll von der Straße aus gut zu sehen sein, nachts soll zumindest das Warnblinklicht eingeschaltet sein). Zu den Aufgaben können weiterhin eine eventuell notwendige Unterstützung des Rettungsdienstes bei der Versorgung des Patienten und den Transportvorbereitungen sowie gegebenenfalls notwendige Absicherungsmaßnahmen gezählt werden.

Mit der Indienststellung einer First Response-Einheit ist es möglich, das Eintreffen organisierter (medizinischer) Hilfe bei zeitkritischen Notfällen im Ortsbereich auf etwa vier bis fünf Minuten nach Alarmierung zu verkürzen. Nicht möglich ist es jedoch die immer noch mangelhaften Kenntnisse und Fertigkeiten in der Bevölkerung in lebensrettenden Sofortmaßnahmen auszugleichen.

Herangezogene und weiterführende Literatur:
Behrend, H. et al. (2020); Fischer, P. (2018); IBSR (1999a); Koch, B./ Winkels, S. (1998); Nadler, G. (1994); Pfalzgraf, U. (1989); Schmiedel, R./Behrend, H. (2019)

2.2 Rechtliche Einordnung

In den letzten 25 Jahren sind First Response-Systeme in vielen Regionen der Bundesrepublik ein fester Bestandteil der Rettungskette geworden. Sie leisten erweiterte Erste Hilfe und überbrücken damit die Zeit bis der Rettungsdienst eintrifft. Allerdings ist die »organisierte Erste Hilfe auf örtlicher Ebene« weder eine Pflichtaufgabe der Feuerwehren nach den Brand-

2 Aufgaben und rechtliche Aspekte

schutz- bzw. Feuerwehrgesetzen, noch zählen die »örtlichen Einrichtungen organisierter Erster Hilfe« zu den Einrichtungen des Rettungsdienstes nach den Rettungsdienstgesetzen.

Rechtliche Einordnung bei genereller Betrachtung

Bei genereller Betrachtung dieser Problematik gelangt man zu folgendem Ergebnis: Die »organisierte Erste Hilfe auf örtlicher Ebene« kann eine freiwillig wahrgenommene Aufgabe der Kommune sein, die von der Ortsfeuerwehr ausgeführt wird und in Abstimmung mit dem Träger des Rettungsdienstes erfolgt.

Kommunen haben nach dem Verfassungsrecht und auch dem Kommunalrecht das »Recht zur Selbstverwaltung« und können aufgrund dessen neben den Pflichtaufgaben auch »freiwillige Aufgaben« übernehmen. Vergleiche dazu Art. 28 Abs. 2 GG; ferner z. B. für Bayern: Art. 83 Abs. 1 Bayer. Verf., Art. 6, 7 BayGO; für Baden-Württemberg: Art. 71 I und II Verf. BW, § 2 GemO BW; für Hessen: Art. 137 Abs. 1 Verf. HE, § 2 Abs. 1 HGO; für Mecklenburg-Vorpommern: Art. 72 Abs. 1 Verf. M-V, § 2 Abs. 1, 2 KV M-V; für Niedersachsen: Art. 57 Abs. 3 Nds. Verf., § 2 Abs. 1 NGO; für Sachsen: Art. 84 Abs. 1 Sächs. Verf., § 2 Abs. 1 SächsGemO. In Anlehnung an Art. 57 Abs. 1 S. 1 BayGO lässt sich hierzu formulieren:

Beachte:

Die Kommunen haben nach den Gemeindeordnungen die Aufgabe in den Grenzen ihrer Leistungsfähigkeit und entsprechend den örtlichen Verhältnissen die öffentliche Einrichtungen zu schaffen, die zur Aufrechterhaltung der öffentlichen Sicherheit und Ordnung erforderlich sind.

2.2 Rechtliche Einordnung

> Dazu gehört unter anderem der Schutz des Lebens und der Gesundheit des Einzelnen.
>
> Die »organisierte Erste Hilfe auf örtlicher Ebene« kann aber auch eine freiwillige Leistung einer Hilfsorganisation sein, die aufgrund einer Vereinbarung mit dem Träger des Rettungsdienstes erfolgt.

Rechtliche Einordnung aus Sicht der Exekutive

Um einen Überblick über die in den Bundesländern existierenden landesrechtlichen Vorschriften für First Response-Systeme zu erhalten sowie die rechtliche Einordnung der First Response-Systeme in den einzelnen Bundesländern in Erfahrung zu bringen, wurden im März 2020 die zuständigen Ministerien angeschrieben. Die für den Rettungsdienst zuständigen Länderministerien wurden um Beantwortung der folgenden Fragen gebeten:

1) Gibt es in Ihrem Bundesland landesrechtliche Vorschriften zum First Response-Dienst (z. B. Rettungsdienstgesetz, Feuerwehrgesetz, Rechtsverordnungen)?

2) Wie ist der First Response-Dienst aus Ihrer Sicht (verwaltungs-)rechtlich einzuordnen?

3) Gerne können Sie noch ein kurzes Statement zur Bedeutung von First Responder-Einheiten bei zeitkritischen Notfällen anfügen.

Die Antworten aus den Länderministerien sind nachfolgend abgedruckt; Text im Kursivdruck weist auf eine sinngemäße Zusammenfassung hin.

2   Aufgaben und rechtliche Aspekte

Sofern einzelne Ministerien wegen Arbeitsüberlastung aufgrund der Coronapandemie nicht in der Lage waren auf alle Fragen einzugehen, sondern lediglich auf Änderungen bei den landesrechtlichen Vorschriften hingewiesen haben, wurde zur Frage 2 die Antwort vom November 2002, die bereits in der ersten Auflage abgedruckt ist, übernommen. Diese Antworten sind mit * gekennzeichnet.

Sofern einzelne Ministerien wegen Arbeitsüberlastung aufgrund der Coronapandemie nicht in der Lage waren die gestellten Fragen zu beantworten, wurden zu den Fragen 1 und 2 die Antworten auf die Anfrage vom November 2002, die bereits in der ersten Auflage abgedruckt sind, übernommen. Diese Antworten sind mit ** gekennzeichnet.

Tabelle 2:

Baden-Württemberg
Zu 1): *Gesetzliche Regelungen enthält das Rettungsdienstgesetz Baden-Württemberg (RDG) vom 08.02.2010. In § 10b RDG ist geregelt, dass ehrenamtlich tätige Helfer vor Ort als »Organisierte Erste Hilfe« ergänzend zur Notfallrettung mitwirken können. Näheres zur Organisation, Ausstattung und Ausbildung sowie den Einsatzkriterien regelt die Verordnung des Innenministeriums Baden-Württemberg über die Mitwirkung von Helfer-vor-Ort-Systemen in Ergänzung zur Notfallrettung (Ersthelferverordnung – VOHvO) vom 12.02.2018.*
Zu 2): *Organisierte Erste Hilfe ist weder Bestandteil des Rettungsdienstes noch dessen Ersatz. Sie unterliegt nicht dem Sicherstellungsauftrag der Aufgabenträger und Leistungserbringer.*

2.2 Rechtliche Einordnung

Tabelle 2: – Fortsetzung

Zu 3):	Durch ihre räumliche Nähe zum Einsatzort sind First-Responder/Helfer-vor Ort-Systeme in der Lage, schnelle und qualifizierte Erste Hilfe am Notfallpatienten zu leisten. Ihr Einsatz verstärkt die Rettungskette im therapiefreien Intervall vor der ersten medizinischen Versorgung durch den Rettungsdienst. Helfer vor Ort können mit ihrem Einsatz in den ersten Minuten bis zum Eintreffen des professionellen Rettungsdienstes Leben retten.
Bayern *	
Zu 1):	*Gesetzliche Regelungen enthalten Art. 2 Abs. 17 Bayerisches Rettungsdienstgesetz (BayRDG) vom 22.07.2008 sowie Art. 2 Abs. 6 Gesetz über die Errichtung und den Betrieb Integrierter Leitstellen (ILSG) vom 25.07.2002. Art. 2 Abs. 17 BayRDG enthält einen Definition, Art. 2 Abs. 6 ILSG regelt die Alarmierung durch die Integrierten Leitstellen.*
Zu 2):	Die örtlichen Einrichtungen organisierter Erster Hilfe sind weder rechtlich noch organisatorisch dem Rettungsdienst (Notfallrettung und Krankentransport) zuzuordnen. Sie fallen deshalb auch nicht unter die Sicherstellungsverpflichtung der Aufgabenträger des Rettungsdienstes (Landkreise, kreisfreie Städte im Zusammenschluss zu Rettungszweckverbänden). Diese sind zum Aufbau derartiger Einrichtungen nicht verpflichtet.
Berlin	
Zu 1):	*In Berlin existieren keine diesbezüglichen landesrechtlichen Vorschriften.*

2   Aufgaben und rechtliche Aspekte

Tabelle 2: – Fortsetzung

Zu 2):	First Response-Einheiten stellen eine sinnvolle Ergänzung des Rettungsdienstes (Notfallrettung und Krankentransport) dar, sind aber nicht Teil des Rettungsdienstes.
Zu 3):	Voraushelfer-Fahrzeuge sind seit mehreren Jahren auf Feuerwachen in Berliner Randbezirken im Einsatz. Das primär durch ehrenamtliche Kräfte besetzte Fahrzeug (meist ein Pkw) wird immer dann alarmiert, wenn medizinische Hilfe dringend erforderlich, der zuständige Rettungswagen jedoch nicht verfügbar ist. Voraushelfer sind ein wichtiges Glied der Rettungskette.
Brandenburg **	
Zu 1):	In Brandenburg existieren keine diesbezüglichen landesrechtlichen Vorschriften.
Zu 2):	Zur verwaltungsrechtlichen Einordnung wird auf das Papier des Ausschusses Rettungswesen vom 11.09.2002 verwiesen.
Bremen	
Zu 1):	In Bremen existieren keine diesbezüglichen landesrechtlichen Vorschriften.
Zu 2):	First Response-Einheiten sind rechtlich nicht dem Rettungsdienst zuzuordnen.
Zu 3):	First Responder-Einheiten sind ein wertvoller Bestandteil der Rettungskette und leisten unschätzbare Hilfe bei der Verkürzung des therapiefreien Intervalls. Dies gilt sowohl für ehrenamtliche Einsatzkräfte der Freiwilligen Feuerwehren und der Hilfsorganisationen als auch für Einheiten der Berufsfeuerwehr.

2.2   Rechtliche Einordnung

Tabelle 2: – Fortsetzung

Hamburg
Zu 1):   *In Hamburg existieren keine diesbezüglichen landesrechtlichen Vorschriften.*
Zu 2):   *Bei Frist Response-Einheiten handelt es sich verwaltungsrechtlich schlicht um Organisationseinheiten der Feuerwehr Hamburg, die auf Grundlage der internen Planungen eingesetzt werden.*
Zu 3):   *Als First Responder werden die Freiwilligen Feuerwehren in den Außenbezirken und teilweise die HLF der Berufsfeuerwehr im Stadtbereich eingesetzt, wenn aufgrund des Einsatzaufkommens ein RTW die Einsatzstelle nicht schnell genug erreichen kann.*
Hessen
Zu 1):   *Vorgaben für First Responder-Systeme enthält der Erlass »Empfehlungen für Voraus-Helfer-Systeme« des Hessischen Sozialministeriums vom 17.09.2001, aus dem insbesondere Aufgaben, Einsatzindikation, Mindestausstattung und Mindestqualifikation der Voraus-Helfer hervorgehen. Eine weitergehende Regelung wurde in Hessen nicht getroffen.*
Zu 2):   In Hessen ergänzen die Voraus-Helfer-Systeme den Rettungsdienst, sind aber kein Bestandteil des Rettungsdienstes.
Zu 3):   Die Voraus-Helfer-Systeme in Hessen sind ein wichtiger Baustein in der Überbrückung des therapiefreien Intervalls. Das ehrenamtliche Engagement ist sehr zu begrüßen.

2 Aufgaben und rechtliche Aspekte

Tabelle 2: – Fortsetzung

Mecklenburg-Vorpommern **
Zu 1): In Mecklenburg-Vorpommern existieren keine diesbezüglichen landesrechtlichen Vorschriften.
Zu 2): Zur verwaltungsrechtlichen Einordnung wird auf das Papier des Ausschusses Rettungswesen vom 11.09.2002 verwiesen.

Niedersachsen
Zu 1): In Niedersachsen existieren keine diesbezüglichen landesrechtlichen Vorschriften.
Zu 2): Diese Ersthelfer können verwaltungsrechtlich als »Verwaltungshelfer« eingeordnet werden.
Zu 3): Das Land Niedersachsen begrüßt diese Ergänzung zum Rettungsdienst ausdrücklich.

Nordrhein-Westfalen *
Zu 1): Vorgaben für First Responder-Systeme enthält der Runderlass des Ministeriums für Gesundheit, Soziales, Frauen und Familie »Empfehlungen des Landesfachbeirates für den Rettungsdienst zur Einbindung von Einrichtungen der organisierten Ersten Hilfe (Notfallhelfer-Systeme) in Nordrhein-Westfalen« vom 06.04.2005. Die Vorgaben beziehen sich insbesondere Aufgaben, Einsatzindikation, Mindestausstattung und Mindestqualifikation der Notfallhelfer. Eine weitergehende Regelung wurde in Nordrhein-Westfalen nicht getroffen.

2.2 Rechtliche Einordnung

Tabelle 2: – Fortsetzung

Zu 2):	Ersthelfer bzw. First Responder haben die Aufgabe, an Notfallorten qualifizierte Erstmaßnahmen bei schwer Verunglückten oder akut Erkrankten anzuwenden, bis der alarmierte organisierte öffentliche Rettungsdienst am Einsatzort eintrifft. Sie tragen zur Verkürzung des sog. therapiefreien Intervalls bei. First Responder ergänzen lediglich den organisierten Rettungsdienst und dürfen diesen keinesfalls ersetzen. Sie sind dem organisierten öffentlichen Rettungsdienst (Notfallrettung und qualifizierter Krankentransport) weder rechtlich noch organisatorisch zugeordnet.
Rheinland-Pfalz **	
Zu 1):	In Rheinland-Pfalz existieren keine diesbezüglichen landesrechtlichen Vorschriften.
Zu 2):	Zur verwaltungsrechtlichen Einordnung wird auf das Papier des Ausschusses Rettungswesen vom 11.09.2002 verwiesen.
Saarland *	
Zu 1):	Gesetzliche Regelungen enthält das Landesrettungsdienstgesetz »Saarländisches Rettungsdienstgesetz (SRettG)« vom 11.11.2020. In § 8 SRettG ist insbesondere geregelt, dass Ersthelfersysteme zur Ergänzung des Rettungsdienstes eingerichtet werden können, wenn sie nachhaltig, planmäßig und auf Dauer im Bereich der Ersten Hilfe tätig werden.
Zu 2):	Zur verwaltungsrechtlichen Einordnung wird auf das Papier des Ausschusses Rettungswesen vom 11.09.2002 verwiesen.

2 Aufgaben und rechtliche Aspekte

Tabelle 2: – Fortsetzung

Sachsen

Zu 1):   *In Sachsen existieren keine diesbezüglichen landesrechtlichen Vorschriften.*

Zu 2):   *In Sachsen gehören die First Response-Einheiten zu den sog. Ersthelfersystemen. Diese Systeme sind kein Teil des öffentlichen Rettungsdienstes (Notfallrettung und Krankentransport).*

Zu 3):   *Diese Ersthelfersysteme sind ein unverzichtbarer Teil der Rettungskette.*

Sachsen-Anhalt **

Zu 1):   *In Sachsen-Anhalt existieren keine diesbezüglichen landesrechtlichen Vorschriften.*

Zu 2):   First Responder gehören weder organisatorisch noch rechtlich zum öffentlich-rechtlich organisierten Rettungsdienst. Sie bilden allerdings ein nützliches Glied der Rettungskette. Diese Hilfeleistung ersetzt aber weder den Rettungsdienst noch besteht eine Konkurrenz zwischen diesen Systemen.

Schleswig-Holstein

Zu 1):   *Gesetzliche Regelungen enthält das Landesrettungsdienstgesetz »Schleswig-Holsteinisches Rettungsdienstgesetz (SHRDG)« vom 28.03.2017. In § 21 SHRDG werden insbesondere der Begriff »Organisierte Erste Hilfe« definiert sowie Vorgaben für die Vereinbarung des Rettungsdienstträgers mit den die »Organisierte Erste Hilfe« leistenden Organisationen gemacht.*

Zu 2):   Die Organisierte Erste Hilfe ist kein Teil des Rettungsdienstes.

2.3 Stellungnahme des DFV

Tabelle 2: – Fortsetzung

Zu 3):	First Responder-Einheiten sind ein zusätzliches Glied in der Rettungskette zwischen Laienhilfe und dem qualifizierten Rettungsdienst.
Thüringen	
Zu 1):	*In Thüringen existieren keine diesbezüglichen landesrechtlichen Vorschriften.*
Zu 2):	Das First Responder-System steht in Thüringen verwaltungsrechtlich außerhalb des Rettungsdienstgesetzes (ThürRettG).
Zu 3):	Jederzeit verfügbare und einsatzbereite freiwillige Ersthelferinnen und Ersthelfer können einen wichtigen Beitrag zur akuten Nothilfe im Nahbereich leisten.

Zusammenfassung:

Landesrechtliche Vorschriften oder Vorgaben zu First Response-Systemen gibt es bisher lediglich in Baden-Württemberg, Bayern, Hessen, Nordrhein-Westfalen, Saarland und Schleswig-Holstein. Die »organisierte Erste Hilfe auf örtlicher Ebene« ist in keinem Bundesland dem Rettungsdienst (Notfallrettung und Krankentransport) zuzuordnen.

2.3 Stellungnahme des Deutschen Feuerwehrverbandes (DFV)

Der DFV-Fachausschuss für Gesundheitswesen/Rettungsdienst beschloss auf seiner 10. Tagung am 14. September 2000 in Würzburg die folgende Stellungnahme zu veröffentlichen:

2 Aufgaben und rechtliche Aspekte

Stellungnahme des Deutschen Feuerwehrverbandes zum Einsatz von Angehörigen der Feuerwehren in einem »First Responder-System«

»Aus medizinischer Sicht ist unstrittig, dass ein frühzeitiger Beginn einer Hilfeleistung einen Zeitgewinn im Sinne der Erstversorgung darstellt. Je früher eine Versorgung beginnt, desto größer wird der medizinische Nutzen sein, unabhängig von der psychologischen Wirkung auf die Betroffenen. Für ein derartiges Hilfeleistungssystem können, sofern die entsprechenden Rahmenbedingungen es erlauben, Angehörige der Feuerwehren oder der Hilfsorganisationen in Frage kommen. Durch vorgegebene Alarmierungsstrukturen bieten sich für die Organisation eines derartigen Hilfeleistungssystems die Feuerwehren an.
Diese Hilfeleistung ersetzt nicht und ist keine Konkurrenz zum Rettungsdienst, sondern stellt bis zum Eintreffen des Rettungsdienstes eine Versorgung der Betroffenen mit Möglichkeiten des Systems sicher. Die Organisation des First Responder-System ist nicht gekoppelt an den Abtransport oder an die Organisation, die diesen Transport durchführt.
Das Hilfeleistungssystem kann Teil der Aufgaben der Feuerwehren sein, ohne dass daraus eine Verpflichtung für jede Feuerwehr erwächst. Die Alarmierung einer organisierten Erste Hilfe sollte über die Rettungsleitstelle erfolgen. Der Einsatz ist nur dort sinnvoll und vertretbar, wo er tatsächlich planbar und regelmäßig zu einer merkbaren Verkürzung des »therapiefreien Intervalls« bei Überschreiten der medizinischen Hilfsfrist bei lebensbedrohlichen Verletzungen/akuten Erkrankungen führt. Das First Responder-System ist der Einsatz von Angehörigen der Feuerwehren, die zusätzlich speziell ausgebildet und aus-

2.4 Empfehlung des Ausschusses »Rettungswesen«

*gerüstet sind und bei vitalen Bedrohungen durch die Rettungs-
leitstelle zum Einsatz kommen. Voraussetzung für die Teilnahme an einem First Responder-System ist eine Zusatzqua-
lifikation über die im Rahmen der feuerwehrtechnischen
Ausbildung erworbenen Ersten Hilfe, die jährlich wiederholt
werden muß. Diese zusätzliche Ausbildung ist erforderlich für
Angehörige von Feuerwehren, die nicht Rettungssanitäter
oder -assistent sind. Ausbildungsinhalte, -umfang und -erfolg
müssen ärztlich kontrolliert werden.*

*Da die Hilfeleistungen unmittelbar an einem Patienten erbracht
werden, sind Maßnahmen zur Qualitätssicherung (Dokumen-
tation/Einsatzkontrolle) erforderlich. Daher muß jeder Einsatz
durch den verantwortlichen Arzt überprüft werden.*

*Einzelheiten der Ausbildung, der Organisation und des Ein-
satzes orientieren sich an den landesrechtlichen Vorgaben und
Strukturen.«*

2.4 Empfehlung des Ausschusses »Rettungswesen«

Der Ausschuss »Rettungswesen« ist die offizielle Arbeitsgruppe der leitenden Ministerialbeamten, die in den Länderministerien für den Rettungsdienst zuständig sind. Der Ausschuss
verabschiedete am 11. September 2002 die folgende Empfehlung. Die wichtigsten Passagen daraus sind nachfolgend im
Wortlaut wiedergegeben; Text im Kursivdruck weist auf eine
sinngemäße Zusammenfassung hin, (…) weist auf eine Aus-
lassung hin.

2 Aufgaben und rechtliche Aspekte

Eckpunkte für örtliche Einrichtungen organisierter Erster Hilfe (Ersthelfersysteme)

Die Eckpunkte stellen Empfehlungen dar, die Mindeststandards enthalten. Wie die Tätigkeit der Ersthelfergruppen in den einzelnen Ländern im Einzelnen ausgestaltet wird, bleibt den Ländern überlassen.

1. Funktion

Örtliche Einrichtungen der organisierten Ersten Hilfe sind Bestandteil der Rettungskette. Ebenso wie der Einsatz des organisierten Rettungsdienstes oder die Erste-Hilfe-Leistung durch Anwesende zielt ihre Tätigkeit auf die Rettung von Menschenleben ab. Ersthelfergruppen sind in der Regel Angehörige von Feuerwehren oder Hilfsorganisationen.

Ziel der Initiativen ist die Verkürzung des sog. therapiefreien Intervalls bis zum Eintreffen des organisierten Rettungsdienstes. (…)

2. Organisationsgrad

Organisierte Erste Hilfe liegt nur vor, wenn der Träger über einen gewissen Organisationsgrad verfügt und nachhaltig, planmäßig und auf Dauer im Bereich der Ersten Hilfe tätig wird. Im Gegensatz zu sonstigen Projekten im Bereich der Ersten Hilfe werden die Ersthelfer durch die Rettungsleitstellen/ Integrierten Leitstellen alarmiert; ihr Einsatz muss deshalb für die Leitstellen planbar und zuverlässig sein.

Anzustreben ist eine 24-stündige, zumindest jedoch eine mit der Rettungsleitstelle vereinbarte Einsatzbereitschaft von

2.4 Empfehlung des Ausschusses »Rettungswesen«

Ersthelfergruppen, wobei die Hilfeleistung möglichst im 2-Helfer-System erfolgen soll.

3. Rechtsgrundlage

Rechtliche Grundlage der Aufgabenwahrnehmung sind bei den Hilfsorganisationen die jeweiligen Satzungen – Erste Hilfe gehört zu deren satzungsmäßigen Aufgaben – und bei den Feuerwehren das jeweilige Landes-Feuerwehrgesetz – die Ersthelfer-Aktivitäten sind unter die sog. freiwilligen Aufgaben der Feuerwehren zu subsumieren. Bei den Feuerwehren ist daneben auch noch die Zustimmung der nach Kommunalrecht zuständigen Organe der Gemeinden, die Aufgabenträger der Feuerwehren sind, erforderlich.

4. Rettungsdienstrechtliche Regelungen

Die für den organisierten Rettungsdienst geltenden Vorschriften erfassen die örtlichen Einrichtungen organisierter Erster Hilfe grundsätzlich nicht, weil diese weder rechtlich noch organisatorisch dem organisierten Rettungsdienst (Notfallrettung und Krankentransport) zuzuordnen sind.

Die örtlichen Einrichtungen organisierter Erster Hilfe fallen nicht unter die Sicherstellungsverpflichtung der Aufgabenträger des Rettungsdienstes (Landkreise, kreisfreie Städte, Rettungszweckverbände). Diese sind zum Aufbau derartiger Einrichtungen nicht verpflichtet.

Es wird jedoch empfohlen, die Voraussetzungen für die freiwillige Tätigkeit von Ersthelfergruppen und die Alarmierung durch die Rettungsleitstellen/Integrierten Leitstellen und die Zusammenarbeit mit dem organisierten Rettungsdienst durch die Träger des Rettungsdienstes zu regeln. Die Alarmie-

2 Aufgaben und rechtliche Aspekte

rung durch die Leitstelle soll von der Zustimmung des Trägers des Rettungsdienstes abhängig gemacht werden. (…)

5. Verhältnis zu Rettungsdienst/Notarztdienst

Ersthelfergruppen werden im Vorfeld des organisierten Rettungsdienstes tätig. Sie ergänzen lediglich den organisierten Rettungsdienst und dürfen diesen keinesfalls ersetzen. Wird in einem Bereich regelmäßig die Hilfsfrist überschritten, so ist dieses Problem von dem Aufgabenträger des Rettungsdienstes nicht durch die Einrichtung eines Systems von Ersthelfern zu lösen; vielmehr hat er in solchen Fällen zu prüfen, ob er im Rahmen seiner Sicherstellungsverpflichtung für die Notfallrettung eine ungenügende Vorhaltung durch zusätzliche Rettungsmittel zu ergänzen hat.

Bei Eintreffen des Rettungsdienstes/Notarztdienstes haben Ersthelfergruppen den Patienten an dessen Einsatzkräfte zu übergeben. Ein Abtransport des Notfallpatienten durch Ersthelfergruppen ist unzulässig. (…)

6. Aufgabe der Ersthelfer

Die Aufgaben der Ersthelfer sollten grundsätzlich auf medizinische Hilfeleistungen beschränkt werden:

  - Beurteilung der Vitalfunktionen,
  - Behandlung von Vitalfunktionsstörungen,
  - sonstige Erste-Hilfe-Maßnahmen.

Daneben können im Zusammenhang mit der medizinischen Hilfeleistung stehende organisatorische Maßnahmen (wie z. B. zur Eigensicherung) durchgeführt werden.

2.4 Empfehlung des Ausschusses »Rettungswesen«

7. Einsatzindikation

Es sollte für Ersthelfer und Leitstelle verbindlich geregelt sein, in welchen Fällen Ersthelfergruppen von der Leitstelle eingesetzt werden. Eine Alarmierung für rein organisatorische Hilfemaßnahmen ist auszuschließen. Entscheidend ist, ob eine Verkürzung des therapiefreien Intervalls einen medizinisch sinnvollen Vorteil erbringt.

Medizinisch sinnvoll erscheint eine Verkürzung des therapiefreien Intervalls durch Einsatz von Ersthelfergruppen insbesondere bei Patients in akut lebensbedrohlicher Situation. Einen Anhaltspunkt bietet insoweit der jeweils in den Ländern eingeführte Notarztindikationenkatalog. Insbesondere erscheint ein Ersthelfereinsatz medizinisch sinnvoll bei folgendem Patientenzustand:

- Herzstillstand,
- Bewusstlosigkeit,
- ausgeprägte oder akute zunehmende Atemnot, Zyanose, Atemstillstand,
- schwere äußere Blutung.

Soweit das Meldebild keine Aussagen zum Patientenzustand enthält, erscheint ein Einsatz von Ersthelfern auch sinnvoll bei Notfallsituationen, die erfahrungsgemäß eine oben genannte Vitalfunktionsstörung wahrscheinlich machen.

Nicht alle klassischen Notarztindikationen eignen sich für einen Ersthelfereinsatz, wie z. B. Geburt und Androhung von Suizid. Insgesamt sollte das Einsatzspektrum der Ersthelfer nicht zu stark ausgeweitet werden, um eine Überforderung der Ersthelfer im Bereich der Ausbildung zu vermeiden.

2 Aufgaben und rechtliche Aspekte

8. Eignung

Die Ersthelfer sollten mindestens 18 Jahre alt, geistig, körperlich und gesundheitlich geeignet sein. Über die gesundheitliche Eignung sollte sich der Träger ein ärztliches Attest vorlegen lassen. Bei Helfern, die hauptamtlich als Einsatzpersonal im organisierten Rettungsdienst oder bei der Feuerwehr tätig sind, kann dies unterstellt werden.

9. Aus- und Fortbildung
Ausbildung

Die Ausbildung sollte in erster Linie das o. g. Einsatzspektrum abdecken. In jedem Fall gehören zu den Pflichtinhalten die Basisreanimation inkl. der Anwendung automatisierter externer Defibrillatoren (AED), einfaches Atemwegsmanagement und Beatmung mit Hilfsmitteln, Sauerstoffapplikationstechniken sowie Maßnahmen der Blutstillung und Lagerung inkl. der Immobilisation der Halswirbelsäule. In der Ausbildung sollte der Schwerpunkt auf Praxistraining und Fallbeispiele gelegt werden.

Die Ausbildungsdauer muss mindestens 48 Stunden umfassen. Insbesondere wenn die Ersthelfer häufiger zum Einsatz kommen, wird eine Vertiefung empfohlen. Die Empfehlungen für die Ausbildungsprogramme von 48 bzw. 80 Stunden sind in den Tabellen 1 und 2 enthalten. Aktive Rettungssanitäter oder Rettungsassistenten benötigen grundsätzlich keine zusätzliche Ausbildung.

Zur Anwendung automatisierter externer Defibrillatoren wird insbesondere auf die Empfehlungen der Bundesärztekammer zur Defibrillation mit automatisierten externen Defibrillatoren (AED) durch Laien und die Stellungnahme der

2.4 Empfehlung des Ausschusses »Rettungswesen«

Bundesärztekammer zur ärztlichen Verantwortung für die Aus- und Fortbildung von Nichtärzten in der Frühdefibrillation vom 04.05.2001 verwiesen. Auf die Beachtung der Vorschriften des Medizinproduktegesetzes (MPG) und der Medizinprodukte-Betreiber-Verordnung (MPBetreibV) wird hingewiesen.

Zusätzlich zur medizinischen Ausbildung soll die Schulung auch den Nachweis besonderer Ortskunde im Einsatzbereich enthalten.

Fortbildung
Eine regelmäßige Fortbildung mit Praxistraining von mindestens vier Stunden pro Halbjahr sollte gewährleistet sein.

10. Mindest-Ausrüstung der Ersthelfer
Entsprechend der Einsatzindikationen der Ersthelfer bedarf es insbesondere der Ausrüstungsgegenstände, die für die Behandlung von Vitalfunktionsstörungen innerhalb der ersten Minuten zwingend erforderlich sind. Zu den häufigsten und zeitkritischsten außerklinischen Notfällen zählt der Herzstillstand. Automatisierte externe Defibrillatoren gehören deshalb zur Mindestausstattung. Des Weiteren sind Sauerstoffapplikationsmöglichkeiten und Beatmungshilfen inklusive einer Absaugpumpe Kernstücke der Ausrüstung. Fahrzeuge mit Abtransportmöglichkeit sind nicht notwendig und sollten grundsätzlich nicht zugelassen werden.

2   Aufgaben und rechtliche Aspekte

Tabelle 3: *Ausbildung von Ersthelfern in 48 Unterrichtsstunden*

Erste-Hilfe-Ausbildung	16 UE
	16 UE
Theoretischer Unterricht	
Herz-Kreislauf-System – Funktion, Störungen, Erkrankungen	2 UE
Atmungssystem – Funktion, Störungen, Erkrankungen	1 UE
Bewusstsein (Nervensystem) – Störungen, Erkrankungen	1 UE
Bewegungsapparat, Traumatologie	1 UE
Organisation, Einsatztaktik	2 UE
Atemwegsmanagement, Sauerstoff-Applikationstechniken, Beatmung	2 UE
Cardiopulmonale Reanimation inkl. automatisierte externe Defibrillation	1 UE
Rettungstechniken, Immobilisation der Halswirbelsäule, Lagerung und Blutstillung	2 UE
	12 UE
Praktisches Training	
Atemwegsmanagement	1 UE
Sauerstoff-Applikationstechniken	1 UE
Beatmung mit Hilfsmitteln	2 UE
Cardiopulmonale Reanimation inkl. automatisierte externe Defibrillation	4 UE
Rettungstechniken	1 UE

2.4 Empfehlung des Ausschusses »Rettungswesen«

Tabelle 3: *Ausbildung in 48 Unterrichtsstunden – Fortsetzung*

Immobilisation der Halswirbelsäule, Lagerung	2 UE
Blutstillung	1 UE
	12 UE
Fallbeispieltraining	8 UE
	8 UE
Gesamtstundenzahl	**48 UE**

Tabelle 4: *Ausbildung von Ersthelfern in 80 Unterrichtsstunden*

Erste-Hilfe-Ausbildung	16 UE
	16 UE
Theoretischer Unterricht	
Herz-Kreislauf-System – Funktion, Störungen, Erkrankungen	4 UE
Atmungssystem – Funktion, Störungen, Erkrankungen	4 UE
Bewusstsein (Nervensystem) – Störungen, Erkrankungen	3 UE
Blut und Gefäßsystem, Haut, andere Organsysteme	2 UE
Bewegungsapparat und Traumatologie	3 UE
Atemwegsmanagement, Sauerstoff-Applikationstechniken, Beatmung	2 UE
Cardiopulmonale Reanimation inkl. automatisierte externe Defibrillation	2 UE

2 Aufgaben und rechtliche Aspekte

Tabelle 4: *Ausbildung in 80 Unterrichtsstunden – Fortsetzung*

Rettungstechniken, Immobilisation und Lagerung	1 UE
Blutstillung, Wund- und Verbrennungs-versorgung	1 UE
Organisation, Einsatztaktik, rechtliche Grundlagen, Hygiene	4 UE
	26 UE
Praktisches Training	
Atemwegsmanagement	3 UE
Sauerstoff-Applikationstechniken inkl. Vor-bereiten der Intubation	2 UE
Beatmung mit Hilfsmitteln	3 UE
Cardiopulmonale Reanimation inkl. auto-matisierte externe Defibrillation	4 UE
Rettungstechniken, Immobilisation und Lagerung	4 UE
Blutstillung, Wund- und Verbrennungs-versorgung	2 UE
Vorbereiten von Medikamenten und Infusionen	2 UE
Lernzielkontrolle	4 UE
	24 UE
Fallbeispieltraining	14 UE
	14 UE
Gesamtstundenzahl	**80 UE**

2.4 Empfehlung des Ausschusses »Rettungswesen«

11. Dokumentation

Jeder Einsatz muss auf einem Dokumentationsbogen festgehalten und ausgewertet werden. Nach Möglichkeit sollte die Dokumentation im Rettungsdienstbereich bzw. landesweit einheitlich erfolgen.

12. Ärztliche Qualitätskontrolle

Die Tätigkeit der Ersthelfer ist durch einen Arzt mit entsprechenden Kenntnissen (Fachkunde Rettungsdienst) zu begleiten. Dieser soll sowohl für die Aus- und Fortbildung verantwortlich sein als auch für eine Qualitätskontrolle auf der Basis der Dokumentationsbogen. Anzustreben ist eine zeitnahe gemeinsame Aufarbeitung aller Einsätze in Einsatznachbesprechungen, da dies nach aller Erfahrung auch den höchsten Fortbildungsnutzen bringt.

13. Standortauswahl

Die Standortwahl beruht grundsätzlich auf der Entscheidung der Initiativen. Bei der Zustimmung sollte der Träger des Rettungsdienstes jedoch darauf achten, dass die Zeiten der Einsatzbereitschaft aufeinander abgestimmt sind.

14. Alarmierung

Eine Alarmierung sollte nur erfolgen, wenn der Ersthelfer einen medizinisch relevanten Zeitvorteil bis zum Eintreffen des gleichzeitig alarmierten organisierten Rettungsdienstes erreichen kann. Die Beurteilung obliegt insoweit der Leitstelle anhand des Meldebildes. Die Alarmierung erfolgt nur über die Rettungsleitstelle/Integrierte Leitstelle, in der Regel über Meldeempfänger oder über Handy.

2 Aufgaben und rechtliche Aspekte

15. Aufwendungsersatz/Freistellung

Die Ersthelfer haben gegenüber den für den Rettungsdienst zuständigen Aufgabenträgern und den Krankenkassen weder Anspruch auf einen Aufwendungsersatz noch auf Übernahme von Investitionskosten. Feuerwehrdienstleistende haben keinen Anspruch auf Freistellung von der Arbeitsleistung nach dem Landesfeuerwehrrecht, da es sich insoweit nicht um eine Pflichtaufgabe handelt. Aufwendungen werden grundsätzlich von den Trägern der Ersthelfergruppen (Hilfsorganisationen, Feuerwehren, Gemeinden) getragen.

16. Haftung/Versicherungsschutz

Der Träger des Rettungsdienstes haftet nicht für Ersthelfer. Der Haftpflicht- und Unfallversicherungsschutz der Ersthelfer wird über die entsendenden Organisationen sichergestellt.

Ersthelfer sind gesetzlich unfallversichert (§ 2 Abs. 1 Nr. 13a SGB VII). Der Versicherungsschutz für das eingesetzte Kfz muss auch die Tätigkeit als Ersthelfer umfassen.

2.5 Rechtliche Aspekte zum First Response-Einsatz

2.5.1 Zivilrechtliche Haftung

Bei der zivilrechtlichen Haftung geht es um Schadenersatz und ggf. um Schmerzensgeld. Konkret geht es um die Frage, ob ein Geschädigter gegen den Schadensverursacher oder ggf. gegen einen anderen einen Anspruch auf Ersatz des entstandenen Schadens hat. Voraussetzung für die Haftung ist, dass es

2.5 Rechtliche Aspekte zum First Response-Einsatz

eine Haftungsnorm gibt und der Schadensverursacher das darin beschriebene Verhalten erfüllt hat.

Den Publikationen, die auf das Rechtsproblem »Haftung für Schäden, die durch Ersthelfer von First Response-Einheiten verursacht wurden« eingehen, lässt sich entnehmen, dass zu den gesetzlichen Anspruchsgrundlagen und zu den Haftenden unterschiedliche Aussagen gemacht werden. Zum Teil wird als Anspruchsgrundlage § 823 I BGB (Generalnorm zum Schadensersatz), zum Teil wird § 839 BGB i. V. Art. 34 GG (Amtshaftung) genannt.

Für eine Aussage zur Haftung ist zunächst zu unterscheiden, ob der First Response-Dienst von einer kommunalen Feuerwehr oder einer anderen Hilfsorganisation wahrgenommen wird. Ferner, ob und ggf. welche besonderen Vereinbarungen zwischen einer der anderen Hilfsorganisationen mit einer Kommune oder dem Träger des Rettungsdienstes getroffen wurden. Die nachfolgenden Ausführungen beschränken sich auf die Haftung für Schäden, die durch ein Handeln von Einsatzkräften einer First Response-Einheit einer kommunalen Feuerwehr einem Notfallpatienten im Rahmen der Leistung der Ersten Hilfe zugefügt werden.

Schädigen Einsatzkräfte einer First Response-Einheit einen Notfallpatienten im Rahmen der Leistung der Ersten Hilfe, haftet hierfür die Kommune nach den Grundsätzen der Amtshaftung.

Argument: Der First Response-Dienst einer kommunalen Feuerwehr wird im Auftrag der Kommune wahrgenommen. Kommunen haben – wie bereits ausgeführt – nach dem Verfassungsrecht und auch dem Kommunalrecht das »Recht zur Selbstverwaltung« und können aufgrund dessen neben

2   Aufgaben und rechtliche Aspekte

den Pflichtaufgaben auch »freiwillige Aufgaben« überneh-men. Die »organisierte Erste Hilfe auf örtlicher Ebene« kann eine freiwillig wahrgenommene Aufgabe der Kommune sein.

Argument: Obwohl der First Response-Dienst nach den Brandschutzgesetzen bzw. Feuerwehrgesetzen keine Pflicht-aufgabe der Feuerwehren ist, kann diese Tätigkeit dem Auf-gabenspektrum der Feuerwehren zugeordnet werden. Die Rettung von Menschen aus Gefahrensituationen ist seit jeher eine gewohnheitsrechtliche Aufgabe der Feuerwehren. Es kann keinen Unterschied machen, ob ein zu Ertrinken dro-hender Mensch aus einem Gewässer gerettet werden muss, ob ein in einen Schacht gestürztes und unverletztes Kind gebor-gen werden muss, um gesundheitlichen Schaden abzuwen-den, oder ein Mensch mit Herz-Kreislauf-Stillstand lebens-rettender Erste Hilfe-Maßnahmen bedarf.

Die zentralen Rechtsvorschriften zur Amtshaftung lauten:

§ 839 Abs. 1 Satz 1 Bürgerliches Gesetzbuch
Verletzt ein Beamter vorsätzlich oder fahrlässig die ihm einem Dritten gegenüber obliegende Amtspflicht, so hat er dem Dritten den daraus entstehenden Schaden zu ersetzen.
Artikel 34 Grundgesetz
Verletzt jemand in Ausübung eines ihm anvertrauten öffent-lichen Amtes die ihm einem Dritten gegenüber obliegende Amtspflicht, so trifft die Verantwortlichkeit grundsätzlich den Staat oder die Körperschaft, in deren Dienst er steht. Bei Vorsatz oder grober Fahrlässigkeit bleibt der Rückgriff vor-behalten. Für den Anspruch auf Schadensersatz und für den

2.5 Rechtliche Aspekte zum First Response-Einsatz

Rückgriff darf der ordentliche Rechtsweg nicht ausgeschlossen werden.

Handelt die Einsatzkraft einfach fahrlässig, dann haftet die Kommune. Die Einsatzkraft selbst muss nicht haften. Einfach fahrlässig handelt, wer die erforderliche Sorgfalt außer Acht lässt. Das ist zum Beispiel gegeben, wenn die in der Aus- und Fortbildung vermittelten Regeln der Hilfeleistung nicht ausreichend berücksichtigt werden.

Handelt die Einsatzkraft grob fahrlässig oder gar vorsätzlich, haftet die Kommune zwar gegenüber dem Geschädigten, die Kommune kann aber die Einsatzkraft in Regress nehmen. Grob fahrlässig handelt, wer die erforderliche Sorgfalt in besonders schwerem Maße außer Acht lässt. Das ist gegeben, wenn offenkundige Verhaltensweisen und grundlegende Regeln nicht berücksichtigt werden. Vorsätzlich handelt, wer eine Handlung mit dem Wissen, dass das Tun zum Schaden führt, durchführt.

Beachte:

Im Hinblick auf die Amtshaftung ist für die Aufnahme des First Response-Dienstes grundsätzlich ein Ratsbeschluss (z. B. Gemeinderat) erforderlich. Eine Genehmigung durch den Bürgermeister oder eine stillschweigende Duldung reichen grundsätzlich nicht aus.

Der Haftpflichtversicherer der Kommune sollte zumindest über die Aufnahme des First Response-Dienstes informiert sein. Idealerweise sollte, sofern es noch keine entsprechende allgemeine Verlautbarung der Haftpflichtversicherung gibt, eine Deckungszusage eingeholt werden.

2 Aufgaben und rechtliche Aspekte

Nach der Rechtsprechung können sich Feuerwehren bzw. deren Träger, die Kommunen, auf das Haftungsprivileg nach § 680 BGB (Beschränkung der Haftung bei der Abwendung von Gefahren auf grob fahrlässiges und vorsätzliches Handeln) nicht berufen (BGH, Urt. vom 14. Juni 2018 – III ZR 54/17).

Kein Anspruch auf Schadenersatz besteht bei Verletzungen des Körpers, die unvermeidlich sind (z. B. Rippenbruch durch Herzdruckmassage), oder Beschädigungen von Eigentum (z. B. Aufschneiden von Kleidung), in die der Notfallpatient ausdrücklich eingewilligt hat bzw. die beim Bewusstlosen von der mutmaßlichen Einwilligung gedeckt sind.

2.5.2 Strafrechtliche Haftung

Die strafrechtliche Haftung bezieht sich auf die Ahndung strafbaren Verhaltens einzelner Menschen durch die Justiz. Strafrechtliche Vorschriften finden sich im Strafbesetzbuch wie auch in vielen weiteren Gesetzen (z. B. BtMG). Zu den Hauptstrafen gehören die Freiheitsstrafe und die Geldstrafe. Strafrechtlich haftet immer die Person, die eine Straftat begeht, persönlich.

Die nachfolgenden Ausführungen beschränken sich auf die Frage der Strafbarkeit von Einsatzkräften einer First Response-Einheit, wenn im Rahmen der Leistung der Ersten Hilfe der Notfallpatient durch fahrlässiges (fehlerhaftes) Handeln geschädigt wird.

Kommt es durch fehlerhafte Erste Hilfe zu einer weiteren Schädigung des Notfallpatienten, liegt keine strafbare Hand-

2.5 Rechtliche Aspekte zum First Response-Einsatz

lung vor, wenn der Ersthelfer mit der gebotenen Sorgfalt handelt. Ein Ersthelfer handelt dann mit der gebotenen Sorgfalt, wenn er sich bemüht, die in der Ausbildung vermittelten Kenntnisse und Fertigkeiten an den Umständen orientiert zum Wohle des Notfallpatienten einzusetzen. Wenn es trotzdem zu einer weiteren Schädigung des Notfallpatienten kommt, sind zwar regelmäßig mehrere Merkmale der Tatbestandsmäßigkeit des § 229 StGB (Fahrlässige Körperverletzung) oder § 222 StGB (Fahrlässige Tötung) erfüllt, die Strafbarkeit scheitert aber letztlich am Fehlen der Schuld.

Wesentlich bei der Prüfung der Schuldfrage ist, ob der Ersthelfer nach seinen Fähigkeiten imstande war, die objektive Sorgfalt zu erkennen und zu erfüllen, also ob sich der Ersthelfer nach bestem Wissen und Gewissen bemühte die ihm bestmögliche Erste Hilfe zu leisten. Dabei werden auch die Umstände des Falles berücksichtigt, insbesondere die Plötzlichkeit der Konfrontation mit dem Ereignis, die Eilbedürftigkeit der Maßnahmen, die Widrigkeiten der Situation sowie die für einen medizinischen Laien nicht komplett überschaubare Situation. Ferner wird berücksichtigt, dass unsere Rechtsordnung, insbesondere § 323c StGB, die Hilfeleistung von jedermann fordert.

Beachte:

Eine Garantenstellung (§ 13 StGB), wie sie für das Personal des Rettungsdienstes anerkannt ist, besteht für Einsatzkräfte von First Response-Einheiten nicht. Bei Ersthelfern von First Response-Einheiten kann man darüber nachdenken, ob sich eine Garantenstellung aus einer »Übernahme von Schutz- und Beistandspflichten« ergeben kann. Ganz wesentlich ist in diesem Zusammenhang die Frage, ob im

2 Aufgaben und rechtliche Aspekte

Vertrauen auf die Hilfe der First Response-Einheit andere »Schutzmaßnahmen« (Alarmierung des Rettungsdienstes/Notarztes) unterbleiben bzw. unterbleiben dürfen. Dies ist zu negieren, eine Garantenstellung von Einsatzkräften von First Response-Einheiten ist damit abzulehnen. Insofern kann bei der Unterlassung von gebotenen Maßnahmen beispielsweise der Straftatbestand »Fahrlässige Körperverletzung durch Unterlassen« (§ 229 i. V. § 13 StGB) nicht verwirklicht werden. Es kommt allenfalls eine Bestrafung wegen »Unterlassener Hilfeleistung« (§ 323c StGB) – hier ist der Strafrahmen wesentlich geringer – in Betracht.

2.5.3 Sondersignale, Wegerecht und Sonderrechte

Als Sondersignale werden im Allgemeinen das blaue Blinklicht (Blaulicht) und das Einsatzhorn (sog. Martinhorn) bezeichnet. Blaues Blinklicht zusammen mit dem Einsatzhorn muss zur Inanspruchnahme des Wegerechts und soll bei der Inanspruchnahme von Sonderrechten verwendet werden.

Im Folgenden soll erläutert werden auf welchen Rechtsgrundlagen die Feuerwehr auch im First Response-Einsatz die Sondersignale einsetzen darf. Dazu muss zwischen den Sonderrechten (§ 35 StVO) und dem Wegerecht (§ 38 StVO) unterschieden werden.

Wegerecht darf von den Fahrern aller mit blauem Blinklicht (Blaulicht) und Einsatzhorn ausgerüsteten Fahrzeugen in Anspruch genommen werden, wenn höchste Eile geboten ist, um einen in der Straßenverkehrsordnung genannten Einsatzzweck (u. a. Rettung von Menschenleben oder Abwehr schwerer

2.5 Rechtliche Aspekte zum First Response-Einsatz

gesundheitlicher Schäden) zu erreichen. Da beim First Response-Einsatz höchste Eile geboten ist, um Menschenleben zu retten oder schwere gesundheitliche Schäden abzuwenden, darf die Feuerwehr auch bei diesen Einsätzen blaues Blinklicht und Einsatzhorn einschalten, also Wegerecht in Anspruch nehmen. Mit dem gleichzeitigen Einsatz beider Sondersignale ordnet der Einsatzfahrer den übrigen Verkehrsteilnehmern an »sofort freie Bahn zu schaffen«. Wegerecht berechtigt übrigens auch zum Überfahren von Rotlicht! (BGHZ 63, 327 [330 ff.])

Können Sonderrechte gemäß § 35 StVO in Anspruch genommen werden, darf beispielsweise die zulässige Höchstgeschwindigkeit überschritten oder in Einbahnstraßen entgegen der Fahrtrichtung gefahren werden. Von der Feuerwehr können Sonderrechte nach § 35 I StVO in Anspruch genommen werden, wenn der konkrete Einsatzanlass »die Erfüllung einer hoheitlichen Aufgabe« der Feuerwehr ist. Das ist der Fall, wenn der Feuerwehr die Aufgabe ausdrücklich durch Gesetz zugewiesen wurde, aber auch, wenn es sich um gewohnheitsrechtliche Aufgaben handelt. Zu den gewohnheitsrechtlichen Aufgaben der Feuerwehr gehört auch die »Rettung von Menschen aus Gefahrensituationen« (BGHZ 37, 336). Es spricht viel für die Ansicht, dass auch die Leistung von Erster Hilfe durch eine First Response-Einheit der Feuerwehr »Rettung von Menschen aus Gefahrensituationen« ist.

Außerdem können Sonderrechte gemäß § 35 Va StVO von Fahrzeugen des Rettungsdienstes in Anspruch genommen werden, wenn höchste Eile geboten ist, um Menschenleben zu retten oder schwere gesundheitliche Schäden abzuwenden. Der First Response-Dienst wird aufgrund einer Vereinbarung

2   Aufgaben und rechtliche Aspekte

mit dem Träger des Rettungsdienstes wahrgenommen, für den konkreten Einsatz werden die Kräfte der Feuerwehr durch die Rettungsleitstelle alarmiert. Somit spricht einiges dafür, ein Feuerwehrfahrzeug beim First Response-Einsatz – im straßenverkehrsrechtlichen Sinne – als Fahrzeug des Rettungsdienstes anzusehen. Dem Standardwerk zum Straßenverkehrsrecht von Jagusch/Hentschel kann entnommen werden, dass als Fahrzeuge des Rettungsdienstes im Sinne § 35 StVO alle Fahrzeuge anzusehen sind, die »ihrer Bestimmung nach zur Lebensrettung dienen«; auf diese Kommentierung wird auch vom Bundesgerichtshof verwiesen (BGH, Urt. v. 04.06.1992 – III ZR 93/91).

Sofern man der Feuerwehr beim First Response-Einsatz keine Sonderrechte gemäß § 35 StVO zugesteht, ist bei diesen Einsätzen die Übertretung von Vorschriften der Straßenverkehrsordnung aber im Rahmen des § 16 OWiG (rechtfertigender Notstand) gerechtfertigt. Dann gilt für den First Response-Einsatz was für die Rettungswagen der Hilfsorganisationen bis zum Jahre 1975 galt: Rechtsgrundlage für das Wegerecht ist § 38 StVO, Rechtsgrundlage für beispielsweise die Überschreitung der zulässigen Höchstgeschwindigkeit ist nicht § 35 StVO, sondern § 16 OWiG. Auch wenn dies keine optimale Regelung ist, zur Rechtfertigung einer Geschwindigkeitsüberschreitung in der Praxis ist diese dennoch ausreichend. Die Hilfsorganisationen kamen 30 Jahre ohne größere Probleme damit zurecht.

Gleichgültig welche Ansicht man vorzieht, eine First Response-Einheit der Feuerwehr kann zur Rettung von Menschenleben oder Abwehr schwerer gesundheitlicher Schäden nicht nur Blaulicht und Einsatzhorn einschalten und damit

2.5 Rechtliche Aspekte zum First Response-Einsatz

Wegerecht in Anspruch nehmen, sondern beispielsweise auch die zulässige Höchstgeschwindigkeit überschreiten oder in Einbahnstraßen entgegen der Fahrtrichtung fahren.

2.5.4 Medizinrechtliche Aspekte

Körperverletzung durch medizinische Eingriffe

Nach ständiger und höchstrichterlicher Rechtsprechung erfüllen medizinische Eingriffe bzw. die Durchführung sog. invasiver medizinischer Maßnahmen (Venenpunktion, Infusion, Medikamentengabe, elektrische Defibrillation usw.) den Straftatbestand der Körperverletzung (§ 223 I StGB). Dafür ist ohne Bedeutung, ob der Eingriff bzw. die Maßnahme von einem Arzt, von einer nichtärztlichen Medizinalperson oder einem medizinischen Laien vorgenommen wird. Die Durchführung einer solchen Maßnahme bedarf für die Rechtmäßigkeit der wirklichen oder mutmaßlichen Einwilligung des Patienten sowie der dafür notwendigen Befähigung des Durchführenden.

Die klassischen Maßnahmen der Ersten Hilfe wie beispielsweise Lagerung und Verband sowie die Sauerstoffgabe sind im Hinblick auf den Straftatbestand der Körperverletzung jedoch nicht von Relevanz.

Verstoß gegen das Heilpraktikergesetz

Zudem kann die Durchführung medizinischer Maßnahmen wie auch anderer Tätigkeiten im Kontext der Heilbehandlung von Menschen den Tatbestand der Heilkundeausübung (§ 1 II

2 Aufgaben und rechtliche Aspekte

HeilprG) erfüllen und damit gegen das Heilpraktikergesetz verstoßen (§§ 1 I, 5 HeilprG).

Die Durchführung medizinischer Maßnahmen, die keine nennenswerten Gesundheitsgefahren zur Folge haben können, ist aber keine Heilkundeausübung im Sinne dieses Gesetzes. Dazu gehören einerseits bagatellartige Heilmaßnahmen, wie sie normalerweise jedermann ohne nennenswerte Gefährdung vornehmen kann (z. B. Wundpflaster bei Bagatellverletzung). Andererseits gehören Erste-Hilfe-Maßnahmen, gleichgültig, ob es sich dabei um so genannte lebensrettende Sofortmaßnahmen (z. B. stabile Seitenlage oder Druckverband) oder um so genannte erweiterte Erste-Hilfe-Maßnahmen (z. B. Sauerstoffinsufflation oder HWS-Schienung) handelt, dazu. In diesen Bereich fällt auch die Anwendung von automatisierter externen Defibrillatoren (AED) und automatischen Notfallbeatmungsgeräten, beispielsweise vom Typ Oxylator.

Die Defibrillation mit AED, die ohnehin nur im Falle der Reanimation zur Anwendung kommen, ist juristisch als eine Erste-Hilfe-Maßnahme einzuordnen. Diese Auffassung ergibt sich daraus, dass für die AED-Anwendung weder heilkundliches Fachwissen notwendig ist noch gesundheitliche Schädigungen zu befürchten sind. Die Handhabung der Geräte ist einfach und die »Diagnostik« wird dem Anwender durch die Technik abgenommen. Im Hinblick auf den Erlaubnisvorbehalt aus dem Heilpraktikergesetz ist diese Maßnahme deshalb unproblematisch. Hinsichtlich des Straftatbestandes der Körperverletzung ist von der mutmaßlichen Einwilligung des Notfallpatienten auszugehen. Gleiches gilt für die Anwendung automatischer Notfallbeatmungsgeräte, beispielsweise vom Typ Oxylator.

2.5 Rechtliche Aspekte zum First Response-Einsatz

Fazit zu Maßnahmen der erweiterten Ersten Hilfe

Die korrekte Durchführung von Maßnahmen der erweiterten Ersten Hilfe einschließlich der Anwendung so genannter automatisierter externer Defibrillatoren (AED) und automatischer Notfallbeatmungsgeräte ist weder eine rechtswidrige Körperverletzung (§ 223 I StGB) noch ein Verstoß gegen das Heilpraktikergesetz (§§ 1 I, 5 HeilprG) und damit strafrechtlich nicht relevant.

Rechtslage zu »invasiven medizinischen Maßnahmen«

Über 40 Jahre war es unter Juristen umstritten, ob der »Arztvorbehalt«, der sich aus §§ 1 I, 5 HeilprG ergibt, auch für Rettungssanitäter, Rettungsassistenten und Notfallsanitäter im Rettungseinsatz gilt. Der Literatur kann dazu ein breites Meinungsspektrum entnommen werden. Nach etwa zwei Jahren kontroverser Diskussion auf der politischen Ebene wurde im Februar 2021 ein zusätzlicher Paragraf in das Notfallsanitätergesetz eingefügt, der Klarheit für die Praxis und Rechtssicherheit schaffen sollte.

§ 2a Nofallsanitätergesetz lautet:

Bis zum Eintreffen der Notärztin oder des Notarztes oder bis zum Beginn einer weiteren ärztlichen, auch teleärztlichen, Versorgung dürfen Notfallsanitäterinnen und Notfallsanitäter heilkundliche Maßnahmen, einschließlich heilkundlicher Maßnahmen invasiver Art, dann eigenverantwortlich durchführen, wenn

1. sie diese Maßnahmen in ihrer Ausbildung erlernt haben und beherrschen und

2 Aufgaben und rechtliche Aspekte

2. *die Maßnahmen jeweils erforderlich sind, um Lebensgefahr oder wesentliche Folgeschäden von der Patientin oder dem Patienten abzuwenden.*

Juristen mit Expertise auf diesem Rechtsgebiet folgern aus dieser Gesetzesänderung:

- Der »Arztvorbehalt«, der sich aus §§ 1 I, 5 HeilprG ergibt, gilt – nun zweifelsohne – für alle nicht-ärztlichen Einsatzkräfte im Rettungseinsatz.
- Invasive medizinische Maßnahmen, die den Notfallsanitätern vom Ärztlichen Leiter Rettungsdienst im Rahmen der Vorab-Delegation (§ 4 II 2c NotSanG) nicht vorgegeben sind, dürfen durch diese nur durchgeführt werden, um Lebensgefahr oder wesentliche Folgeschäden von Patienten abzuwenden.
- Andere nicht-ärztliche Einsatzkräfte dürfen invasive medizinische Maßnahmen, die sie beherrschen, nur beim Vorliegen der Voraussetzungen des rechtfertigenden Notstandes (§ 34 StGB) durchführen.
- Einsatzkräfte von First Response-Einheiten, auch wenn sie beispielsweise die Qualifikation »Rettungssanitäter« (520-Stunden-Ausbildung) haben, dürfen invasive medizinische Maßnahmen (z. B. Venenpunktion und Infusion), wenn sie diese beherrschen, nur zur Abwendung einer akuten Lebensgefahr oder schwerer gesundheitlicher Schäden, wenn das Eintreffen des Rettungsdienstes nicht abgewartet werden kann, durchführen.

2.5 Rechtliche Aspekte zum First Response-Einsatz

Herangezogene und weiterführende Literatur:

Nadler, G. (2009); Nadler, G. (2011); Nadler, G. (2016); Tries, R. (2021)

3 Ausrüstung und Handlungsempfehlungen

3.1 Wichtige Ausrüstungsgegenstände

Beim Auffinden einer Person mit Herz-Kreislauf-Stillstand hat die Wiederherstellung der Vitalfunktionen »Atmung« und »Kreislauf« oberste Priorität. Bis zum erhofften Wiedereinsetzen der Körperfunktionen muss der Ersthelfer durch geeignete Maßnahmen eine künstliche (Überdruck-)Beatmung sowie die externe Herzdruckmassage durchführen. Hierbei gibt es technische Hilfen, die sowohl die Effektivität der Maßnahmen verbessern als auch die Sicherheit für Patienten und Helfer erhöhen können.

Sauerstoffgerät

Zur Oxygenierung bei Patienten mit einem Sauerstoffmangel (z. B. Atemnot, Reanimation) finden Sauerstoffgeräte Anwendung. Diese bestehen in der Regel aus einer Sauerstoffflasche mit einem angeschlossenen Druckminderer. Letzterer reduziert den Flaschendruck und bietet die Möglichkeit einen variablen Sauerstoff-Flow zur Inhalation einzustellen bzw. die Möglichkeit eine Verbindung (z. B. Demand-System) mit Sauerstoff zu Beatmungshilfsmitteln herzustellen.

Pulsoxymetrie

Pulsoxymeter messen die arterielle Sauerstoffsättigung und die Herzfrequenz. Damit kann die aktuelle Versorgung des Pa-

3.1 Wichtige Ausrüstungsgegenstände

tienten mit Sauerstoff beurteilt werden. Dafür werden zwei Lichtstrahlen unterschiedlicher Wellenlänge durch den in das Gerät eingelegten Finger gesendet und ausgewertet.

Beatmung

Das Einbringen von Atemgas in einen nicht mehr selbst atmenden Patienten kann nur durch eine künstliche (Überdruck-)Beatmung erfolgen. Ohne technische Hilfen erfüllt die Mund-zu-Mund(Nase)-Beatmung diesen Zweck. Alleine aus Infektionsschutzgründen sollte heute aber mindestens eine Maske mit Filter (Mund-zu-Maske-Beatmung) benutzt werden. Die Verwendung eines Beatmungsbeutels (Maske-Beutel-Beatmung) und die Zumischung von Sauerstoff ermöglicht die Anreicherung des Atemgases auf bis zu 80 Prozent Sauerstoff. Alle Maßnahmen der Überdruckbeatmung bergen die Gefahr einer zusätzlichen Schädigung des Patienten. Dies kann durch Aufblähen des Magens mit nachfolgendem Rückfluss von Mageninhalt in den Rachenraum und die Lungen (Regurgitation und Aspiration) oder durch Überblähen der Lungen erfolgen. Um diese Risiken zu minimieren und gleichzeitig die Beatmung weiter zu verbessern, empfiehlt sich die Anwendung eines der speziell für First Response-Einheiten konstruierten Beatmungsgeräte, beispielsweise des Oxylators FR-300.

Der Oxylator wird in Kombination mit einer Maske und einer Sauerstoffflasche eingesetzt. Das Gerät arbeitet als intelligentes Ventil ohne zusätzliche Energiequelle. Durch seine spezielle Konstruktion übernimmt es, abhängig von den Lungenverhältnissen des Patienten, die Mengensteuerung und die Drucksteuerung des Atemgases sowie die Zeitsteuerung der

3   Ausrüstung und Handlungsempfehlungen

Beatmung völlig selbstständig. Der Feuerwehr-Ersthelfer muss ausschließlich auf die korrekte Dichtheit der Beatmungsmaske und die Öffnung der Atemwege durch Kopf- und Kieferpositionierung achten. Eine Veränderung der Geräteeinstellung durch den Anwender ist aus Sicherheitsgründen nicht möglich.

Ein weiteres Hilfsmittel zur Atemwegssicherung stellt der Larynx-Tubus dar. Dieser zählt zu den sogenannten supraglottischen Atemwegshilfen und minimiert, durch eine Abdichtung des Ösophagus, das Risiko einer Magenblähung. Dieser Aspirationsschutz macht den Larynx-Tubus damit insbesondere im Rahmen der primären Ventilation zu einer der Kombination Masken-Beutel-Guedeltubus-Beatmung überlegenen Alternative.

Defibrillation

Die häufigste Ursache eines Kreislaufstillstandes ist das so genannte Herzkammerflimmern, bei dem der Herzmuskel durch eine chaotische Erregung der Muskelfasern nicht mehr zu einer Pumpaktion fähig ist. Das Kammerflimmern führt unbehandelt immer zum Tode des Patienten, da es keine natürliche Möglichkeit für den Körper gibt, es zu beenden. Der über die Brustwand des Patienten abgegebene Stromstoß (externe Defibrillation) stellt die einzige Therapieoption und damit die einzige Überlebenschance für den Patienten dar. Wissenschaftlich ist eine strenge Zeitabhängigkeit des Erfolgs der Defibrillation belegt. Deshalb ist es seit Jahren erklärtes Ziel von internationalen notfallmedizinischen Gremien, die so genannte schnelle Erstdefibrillation möglichst weit zu verbreiten.

3.1 Wichtige Ausrüstungsgegenstände

Technische Voraussetzung zur Durchführung der Defibrillation ist ein akkubetriebener externer Defibrillator. Medizinisches Fachpersonal verwendet Geräte, die das Elektrokardiogramm (EKG) des Patienten anzeigen, nach entsprechender Diagnose kann der Anwender die Energie frei wählen und anschließend den Stromstoß abgeben (manuelle Defibrillation). Für die Anwendung durch geschulte Ersthelfer und auch für Laienhelfer wurden so genannte automatisierte externe Defibrillatoren (AED) entwickelt. Diese Geräte übernehmen, nachdem sie an den Patienten angeschlossen wurden, über das registrierte EKG die Diagnostik. Wenn nötig, wählen sie die richtige Energiestärke und empfehlen das Auslösen eines »Schocks«. Eine Veränderung der Geräteeinstellung durch den Anwender ist aus Sicherheitsgründen auch hier nicht möglich.

Durch feste Programmierung sind im Gerät die Ablaufschemata der Herz-Lungen-Wiederbelebung mit und ohne Defibrillation gespeichert; das Gerät führt die Helfer mittels »Sprache« durch die Reanimation. Neue Gerätegenerationen geben dem Helfer ein Feedback über die Qualität der durchgeführten Herzdruckmassage, insbesondere Drucktiefe und Druckfrequenz. Gleichzeitig dokumentiert der AED das Patienten-EKG, die Maßnahmen der Helfer und durch Sprachaufzeichnung auch das Geschehen am Einsatzort. Diese Aufzeichnungen dienen dem betreuenden Feuerwehrarzt als Grundlage für die spätere Einsatznachbesprechung.

Mechanische Thoraxkompressionssysteme werden im Bereich der Reanimation nicht routinemäßig eingesetzt. Jedoch gibt es Situationen (z. B. Lysetherapie bei V. a. Lungenembolie als Ursache des Kreislaufstillstandes) in der eine Anwendung von Thoraxkompressionssystemen sinnvoll erscheint.

3   Ausrüstung und Handlungsempfehlungen

Fazit

Die technische Entwicklung der vergangenen Jahre hat für die Herz-Lungen-Wiederbelebung entscheidende Vorteile gebracht. Durch die Anwendung entsprechender Geräte wurde es auch dem medizinischen Laien möglich, in dieser speziellen Situation effektive Erstmaßnahmen durchzuführen. Gleichzeitig wurde dadurch das Risiko einer zusätzlichen Schädigungen des Notfallpatienten im Vergleich zur herkömmlichen Durchführung der Maßnahmen drastisch reduziert.

Herangezogene und weiterführende Literatur:

Enzmann, V. et al. (1993); Russ, W. et al. (1999), Baillier, R. (2001), Kantonsspital St. Gallen (2022)

3.2   Handlungsempfehlungen zur Ersten Hilfe

3.2.1 Allgemeine Verhaltenshinweise

Der Feuerwehr-Ersthelfer muss bei einer plötzlichen schweren Erkrankung oder Verletzung einerseits die Notfallsituation als Ganzes erfassen (z. B. Erkrankung, Leitersturz, Gefahrgutunfall) und andererseits sofort die Vitalfunktionen des Notfallpatienten überprüfen (Bewusstsein, Atmung, Kreislauf). Trotz der gebotenen Eile ist es immer möglich, den Patienten und auch die Anwesenden darüber zu informieren, dass die First Response-Einheit überbrückende Erstmaßnahmen ergreift bis der Rettungsdienst eintrifft. Um die Situation ausreichend zu erfassen, werden der Patient und die Anwesenden über das

3.2 Handlungsempfehlungen zur Ersten Hilfe

Notfallgeschehen befragt. Dabei sollte nur ein Helfer das Wort führen. Die Maßnahmen der ersten Untersuchung und der erweiterten Ersten Hilfe bei akut lebensbedrohlichen Notfallsituationen sowie Verhaltenshinweise für einige sonstige Notfallsituationen sind auf den folgenden Seiten beschrieben. Alle Erste-Hilfe-Maßnahmen sollten dem Patienten vor der Anwendung kurz erklärt werden. Zu einer kompetenten Ersten Hilfe bei ernsthaft Erkrankten oder Verletzten gehört neben den einzelnen (technischen) Maßnahmen auch die allgemeine menschliche Zuwendung.

Bei einigen akuten Erkrankungen kann sich der Zustand des Patienten von einer Minute auf die andere völlig anders darstellen. Deshalb kann es auch vorkommen, dass bei Erscheinen der First Response-Einheit momentan keine Maßnahmen erforderlich sind. Weil sich der Zustand genauso schnell wieder zum Schlechteren ändern kann, muss die First Response-Einheit den Patienten bis zum Eintreffen des Rettungsdienstes überwachen, um gegebenenfalls nötig werdende Maßnahmen zu ergreifen.

In Situationen, in denen Maßnahmen der technischen Rettung notwendig sind, müssen diese mit dem Rettungsdienst abgestimmt werden. Ausgenommen davon sind die wenigen Fälle, in denen dem Patienten unmittelbare Gefahr aus der Umgebung droht (z. B. bei Brand oder Einsturzgefahr).

Kinder haben erfahrungsgemäß Angst vor auffälliger Einsatzbekleidung (Helm, leuchtrote Jacke etc.). In solchen Fällen sind derartige Ausrüstungsgegenstände abzulegen. Außerdem ist es bei Kleinkindern zumeist sinnvoll, die Eltern in die unmittelbare Durchführung der Maßnahmen mit einzubeziehen (z. B. Mutter hält Sauerstoffmaske). Die Hilfeleistung bei

| 3 | Ausrüstung und Handlungsempfehlungen |

laut schreienden und strampelnden Kindern (kreislauf- und atemstabil) kann meist bis zum Eintreffen des Rettungsdienstes zurückgestellt werden (Ausnahme z. B. Kaltwasseranwendung bei Verbrennungen). Schwerwiegende Infektionen wie z. B. HIV und Hepatitis können durch entsprechende Schutzmaßnahmen verhindert werden. Der Kontakt mit Körperflüssigkeiten kann durch die Benutzung von geeigneten Handschuhen und Beatmungsmaske vermieden werden.

3.2.2 Handlungsempfehlungen für akut lebensbedrohliche Notfallsituationen

(Die mit Stern * gekennzeichneten Maßnahmen werden im Kapitel 3.2.5 näher erläutert.)

3.2.2.1 Bewusstlosigkeit

Definition:
Durch eine Funktionsstörung im Gehirn kann der Patient nicht angemessen auf äußere Reize reagieren. Die Bewusstlosigkeit ist immer Kennzeichen einer schweren Funktionsstörung. Wegen der fehlenden Atemschutzreflexe ist der Patient unmittelbar vom Erstickungstod bedroht.

Symptome (nach Stadium):
- tiefe Bewusstlosigkeit: keine Reaktion auf starke Schmerzreize

3.2   Handlungsempfehlungen zur Ersten Hilfe

- leichte Bewusstseinstrübung:
  - Schläfrigkeit
  - verlangsamte Reaktion
  - evtl. ungezielte Reaktion

Maßnahmen:
1. stabile Seitenlage*
2. Sauerstoffgabe*
3. ständige Puls- und Atemkontrolle*

3.2.2.2 Atemwegsverlegung/Atemstillstand

Definition:
Durch fehlende Atembewegungen oder durch Verlegung der Atemwege werden die Lungen nicht ausreichend oder überhaupt nicht belüftet.

Symptome:
- evtl. Blaufärbung von Haut und Schleimhäuten
- evtl. auffallend niedrige Atemfrequenz
- evtl. ungewöhnliches Atemgeräusch
- evtl. keine sichtbare Atembewegung
- evtl. kein Atemluftstrom spürbar
- evtl. Herz-Kreislaufstillstand

Maßnahmen:
1. Atemwege freimachen*
2. Beatmung* (kontrolliert/assistiert bis ggf. suffiziente Eigenatmung wieder einsetzt)

3   Ausrüstung und Handlungsempfehlungen

    3. ständige Pulskontrolle*
    4. Kontrolle der Eigenatmung in Minutenabständen*

3.2.2.3 Herz-Kreislauf-Stillstand

Definition:
Beim Herzstillstand oder beim Herzkammerflimmern findet durch die fehlende Pumpfunktion des Herzens kein Transport von sauerstoffreichem Blut zu den einzelnen Organen statt. An den lebenswichtigen Organen, besonders dem Gehirn und dem Herz selbst, kommt es zum Sauerstoffmangel und nach wenigen Minuten zu irreversiblen Schäden.

Symptome:
- Bewusstlosigkeit
- Atemstillstand
- Pulslosigkeit an beiden Halsschlagadern

Maßnahme:
Herz -Lungen-Wiederbelebung* mit AED-Einsatz*

3.2.2.4 Atemnot

Definition:
Atemnot liegt vor, wenn die Atmung vom Patienten als nicht ausreichend empfunden wird. Davon kann Einatmung, Ausatmung oder beides betroffen sein.

3.2 Handlungsempfehlungen zur Ersten Hilfe

Symptome:

- subjektives Empfinden
- erhöhte Atemtätigkeit
- evtl. typische Körperhaltung (Oberkörper erhöht bzw. sitzend, Einsatz der Atemhilfsmuskulatur)
- ungewöhnliches Atemgeräusch
- Blaufärbung von Haut und/oder Schleimhäuten

Maßnahmen:

1. jede körperliche und psychische Belastung verhindern oder beseitigen
2. Lagerung mit erhöhtem Oberkörper (fast sitzend)
3. beruhigender Zuspruch
4. Sauerstoffgabe*
5. evtl. Unterstützung bei der Einnahme der vom Arzt für diesen Fall verordneten Medikamente
6. ständige Beobachtung (Bewusstsein, Atmung, Puls)

3.2.2.5 Starker Brustschmerz

Definition:

Starker Schmerz im Bereich des Brustkorbs, der meist plötzlich auftritt.

Symptome:

- heftiger Schmerz in der Brustbein-/Herzgegend evtl. mit Ausstrahlung in die Arme (häufig linke Seite) und/oder in den Unterkiefer, in den Oberbauch oder Rücken (zwischen Schulterblätter)

3 Ausrüstung und Handlungsempfehlungen

- Engegefühl in der Brust
- Atemnot
- Unruhe, Angst, Vernichtungsgefühl
- Übelkeit, Erbrechen
- fahle Haut, kalter Schweiß

Maßnahmen:

1. jede körperliche und psychische Belastung verhindern
2. Lagerung mit erhöhtem Oberkörper
3. beruhigender Zuspruch
4. Sauerstoffgabe*
5. evtl. Unterstützung bei der Einnahme der vom Arzt für diesen Fall verordneten Medikamente
6. ständige Beobachtung (Bewusstsein, Atmung, Puls)

3.2.2.6 Kohlenmonoxid-/Kohlendioxid-/ Rauchvergiftung

Definition:

Diese Vergiftungen können auftreten, wenn Kohlenmonoxid, Kohlendioxid oder im Brandrauch enthaltene sonstige giftige Gase eingeatmet werden.

Symptome:

- Bewusstlosigkeit
- Verwirrtheitszustand/Unruhe
- Atemnot
- Kopfschmerz

3.2 Handlungsempfehlungen zur Ersten Hilfe

- Schwindel, Übelkeit, Erbrechen

Maßnahmen:

1. Rettung aus dem vergifteten Bereich/Rettung veranlassen
   (bei Kreislaufstillstand → Herz-Lungen-Wiederbelebung*)
   (bei Atemstillstand → Beatmung*)
   (bei Bewusstlosigkeit → stabile Seitenlage*)
2. Sauerstoffgabe*
   (auch beim symptomfreien Patienten)

3.2.2.7 Verbrennung

Definition:
Durch Hitzeeinwirkung verursachte Schädigung von Haut und darunter liegendem Gewebe.

Symptome:

- Hautrötung (1. Grad)
- Blasenbildung (2. oder 3. Grad)
- Verkohlung (4. Grad)
- Schmerz

Maßnahmen:

1. Löschen von brennenden Personen
2. Kühlen kleinflächiger, schmerzhafter Bereiche mit handwarmen Wasser – Unterkühlung vermeiden!

3 Ausrüstung und Handlungsempfehlungen

3. Kleidung im verbrannten Bereich entfernen (evtl. mit der Wunde verklebte Stellen ausschneiden)
4. Lagerung nach Bedarf

Hinweis:
Ein Verband sollte erst durch den Rettungsdienst angelegt werden.

3.2.2.8 Lebensbedrohliche Verletzungen

Erläuterung:
Wegen der Vielzahl der möglichen Verletzungsmuster und Notfallsituationen wäre nur eine sehr abstrakte Definition möglich. Dies erscheint hier nicht sinnvoll.

Erkennen:
Lebensbedrohliche Verletzungen können auch von Laienhelfern entweder anhand von äußeren Verletzungszeichen unmittelbar erkannt oder aufgrund der Unfallsituation vermutet werden.

Verletzungen/äußere Verletzungszeichen:
- großer Blutverlust
- Brüche großer Knochen
- Abtrennung von Gliedmaßen
- offene Schädelverletzung
- offene Brustkorbverletzung
- offene Bauchverletzung

3.2 Handlungsempfehlungen zur Ersten Hilfe

- Lähmungserscheinungen (Wirbelsäulenverletzungen)
- Prellmarken an Bauch oder Brustkorb
- Bewusstlosigkeit

Unfallsituation:

- Einklemmung
- aus dem Fahrzeug geschleudert
- Sturz/Aufprall mit Motorrad bei höherer Geschwindigkeit
- Fußgänger oder Radfahrer von Kraftfahrzeug erfasst
- Tod des Mitfahrers
- Sturz tiefer als vier Meter

Vorgehen an einer Unfallstelle:

An der Unfallstelle sind drei Schwerpunkte zu beachten: Eigensicherung, Orientierung, Erste-Hilfe-Maßnahmen.

a) **Eigensicherung**:
   - Schutzkleidung tragen
   - umsichtige Annäherung
   - Unfallstelle absichern

b) **Orientierung:**
   Bevor den einzelnen Verletzten Hilfe geleistet wird, muss die Gesamtsituation erfasst werden:
   - Anzahl der Verletzten
   - grober Überblick über die Schwere der Verletzungen
   - Besonderheiten (z. B. eingeklemmte Personen)

3　Ausrüstung und Handlungsempfehlungen

- räumliche Verteilung der Betroffenen und Verletzten
- Gefahrenquellen
- Rückmeldung an die Einsatzzentrale
- Einweisung der ankommenden Rettungskräfte
- gehfähige, leichtverletzte und unverletzte Betroffene an geeigneter Stelle sammeln und dort beaufsichtigen.

c) **Erste-Hilfe-Maßnahmen:**

Alle ernsthaft Verletzten verbleiben an Ort und Stelle bis zur Abstimmung mit dem Rettungsdienst über die weitere Versorgung, außer wenn unmittelbar Gefahr droht.

Ist mehreren Verletzten Erste Hilfe zu leisten, richtet sich die Priorität der Hilfeleistung nach der Schwere der Verletzungen. Wenn sonst die Versorgung von anderen ernsthaft Verletzten darunter leiden würde, sind Wiederbelebungsversuche bei Schwerverletzten zu unterlassen; die Erfolgsaussichten sind in solchen Fällen ohnehin verschwindend gering.

In folgenden Situationen sind spezielle Erste-Hilfe-Maßnahmen erforderlich:

- starke Blutung → Druck auf die Wunde oder Druckverband*
- schneller, schwacher Puls → Schocklage* + Sauerstoffgabe*
- Bewusstlosigkeit → stabile Seitenlage* + Sauerstoffgabe*

3.2   Handlungsempfehlungen zur Ersten Hilfe

 **Bei allen ernsthaft Verletzten sind allgemeine Maß-
nahmen notwendig:**

Jeder ernsthaft Verletzte wird bis zur Übernahme durch
den Rettungsdienst von ein und demselben Ersthelfer
betreut. Dieser hat neben der seelischen Betreuung die
Aufgabe, den Patienten ständig zu überwachen, die notwendigen Erste-Hilfe-Maßnahmen durchzuführen und die
dabei gewonnenen Erkenntnisse bei der Übergabe an den
Rettungsdienst weiterzugeben.

Der Verletzte wird vor negativen Umwelteinflüssen wie
Kälte, Nässe, Wind, starker Sonneneinstrahlung und Schau-
lustigen geschützt. Wenn nötig ist der Patient durch Thermopack* vor Kälte zu schützen.

Der Patient wird nach Verletzungsmuster gelagert und
immobilisiert.

Nur bei unmittelbarer Gefahr wird der Verletzte möglichst
mit dem Rettungstuch aus dem Gefahrenbereich gerettet.
Dabei ist auf mögliche Wirbelsäulenverletzungen Rücksicht
zu nehmen. Gebrochene Gliedmaßen werden unter Zug
bewegt bzw. gehalten.

3.2.3 Verhaltenshinweise für sonstige Notfallsituationen

Akuter Bauch

Beim Auftreten von starken Bauchschmerzen hat der Ersthelfer
die Möglichkeit, durch Unterlegen einer Knierolle bzw. durch
Lagerung auf der Seite in Embryonalstellung mit angezogenen
Beinen die Schmerzen zu lindern und den Patienten durch
Zuspruch zu beruhigen.

3   Ausrüstung und Handlungsempfehlungen

Allergische Reaktion

Die Allergie ist eine Überreaktion des Immunsystems auf bestimmte Stoffe (z. B. durch Medikamente oder bei Insektenstich). Die leichte Erscheinungsform nur mit Juckreiz und Hautrötung ist nicht bedrohlich und erfordert deshalb keine Erste-Hilfe-Maßnahmen. Bei den schwereren Formen können zusätzlich Haut- und Schleimhautschwellung auftreten. Ferner kann es zu Atemnot, Pulsrasen und Kreislaufkollaps kommen. Patienten mit schweren allergischen Reaktionen müssen in Schocklage gebracht werden und sollen über eine Maske Sauerstoff bekommen. In diesen schweren Fällen besteht akute Lebensgefahr. Selbstverständlich wird bei Bedarf die stabile Seitenlage oder die Herz-Lungen-Wiederbelebung durchgeführt.

Amputationsverletzungen

Bei der Amputationsverletzung ist die Wunde wie jede andere Wunde zu versorgen. Das Amputat ist sicherzustellen, in ein steriles Tuch einzuschlagen und für den Rettungsdienst bereitzuhalten. Die weitere Versorgung des Amputats (Säuberung, Verband, Kühlung mit Eiswasser) erfordert besondere Kenntnisse und ist dem Rettungsdienst zu überlassen.

Blutungen aus Körperöffnungen
Nasenbluten

In den meisten Fällen kann Nasenbluten durch das Zusammenpressen der Nasenflügel im unteren Drittel der Nase mit Daumen und Zeigefinger über ca. 10 Minuten gestillt werden. Diese Maßnahme kann unterstützt werden durch das Auflegen eines kalten Waschlappens oder Eisbeutels in

3.2 Handlungsempfehlungen zur Ersten Hilfe

den Nacken. In Mund und Rachenraum fließendes Blut sollte nicht geschluckt werden, sondern nach außen abfließen können oder ausgespuckt werden. Dazu empfiehlt sich die sitzende Lagerung mit vorne übergebeugtem Oberkörper.

Blutung aus der Mundhöhle
Patienten mit Blutungen aus der Mundhöhle sind zu lagern wie bei Nasenbluten.

Bluterbrechen
Schwallartiges Erbrechen von Blut deutet auf eine lebensbedrohliche Blutung aus dem Bereich der Speiseröhre oder des Magens hin. Häufig sieht erbrochenes Blut kaffeesatzartig aus, da es im Magen mit der Magensäure in Berührung war. Der Patient ist entsprechend der Bewusstseinslage (eventuell stabile Seitenlage*) und der Kreislaufsituation (Schockbekämpfung*) zu lagern. Der Zustand des Patienten kann sich innerhalb weniger Minuten dramatisch verschlechtern!

Erregungs- und Angstzustände
Psychische Ausnahmezustände haben Krankheitswert!

Durch plötzliche und unerwartete Handlungen des Kranken können er selbst oder andere ernsthaft gefährdet werden. Solche Patienten müssen bis zur Übernahme durch Rettungsdienst oder Arzt sorgfältig überwacht und an gefährlichen Handlungen gehindert werden. Oftmals ist das sog. »Talk down« (Herunterreden) zur Beruhigung des Patienten durch besänftigende Worte von Erfolg.

3 Ausrüstung und Handlungsempfehlungen

Ertrinkungsunfall

Von Ertrinken spricht man, wenn bei einem Patienten der zuvor im Wasser versunken war, Atem- und Kreislaufstillstand vorliegt. Selbstverständlich sind dann die Maßnahmen der Herz-Lungen-Wiederbelebung notwendig. Versuche, eventuell in die Lunge eingedrungenes Wasser zu entleeren, werden nicht durchgeführt. Von Beinaheertrinken spricht man, wenn der Patient nach Versinken im Wasser und anschließender Rettung selbst atmet. Alle diese Patienten müssen von einem Arzt oder dem Rettungsdienst gesichtet werden.

Geburt

Das Einsetzen von regelmäßigen Wehen in Abständen von weniger als 5 Minuten deutet auf eine in Kürze bevorstehende Geburt hin. Nach erfolgtem Blasensprung, also nach dem Abgang von Fruchtwasser, darf die Schwangere **nicht mehr aufstehen**, da die Gefahr eines Nabelschnurvorfalls droht; dies würde Lebensgefahr für das Kind bedeuten. Während der eigentlichen Geburt soll die Gebärende mit entblößtem Unterleib auf einer sauberen Unterlage liegen. Die Geburt ist ein natürlich ablaufender Vorgang und die seltenen Komplikationen können durch den Ersthelfer nicht beeinflusst werden. Das Neugeborene soll abgetrocknet und warm eingepackt werden (eventuell Silberwindel bzw. Aluwärmfolie). Die Maßnahmen der Herz-Lungen-Wiederbelebung sind bei Bedarf selbstverständlich anzuwenden.

Gefäßverschluss

Periphere Gefäßverschlüsse, also solche an Armen und Beinen, können in arterielle und venöse Verschlüsse eingeteilt werden.

3.2 Handlungsempfehlungen zur Ersten Hilfe

Beim Verschluss einer Arterie (z. B. durch ein Blutgerinnsel) wird das normalerweise über dieses Gefäß versorgte Körperteil nicht mehr mit sauerstoffreichem Blut versorgt. Unterhalb des Verschlusses ist die Haut kalt, zunächst blass, nach einiger Zeit jedoch blau verfärbt. Außerdem hat der Patient Schmerzen und Gefühlsstörungen. Die einzig sinnvolle Maßnahme des Ersthelfers bei arteriellem Gefäßverschluss ist die Tieflagerung der betreffenden Gliedmaße. Die weitere Behandlung muss **umgehend** im Krankenhaus erfolgen.

Bei Verschluss einer Vene ist der Rückfluss aus dem betreffenden Körperteil erheblich gestört, wodurch es zur Überwärmung und Schwellung kommt. Außerdem hat der Patient starke Schmerzen. Bei dieser Erkrankung besteht die Gefahr, dass sich das Blutgerinnsel löst und lebensgefährliche Komplikationen verursacht (z. B. Lungenembolie mit Kreislaufstillstand). Um dies zu vermeiden, muss dafür gesorgt werden, dass das betroffene Gliedmaß nicht bewegt wird bzw. der Patient nicht umherläuft. Zusätzlich soll das betroffene Körperteil etwas erhöht gelagert werden. Bei venösen Gefäßverschlüssen ist ebenfalls unbedingt ein Arzt oder der Rettungsdienst hinzuzuziehen.

Hitzeschäden

Für den Ersthelfer sind folgende drei Hitzeschäden von Bedeutung: Hitzeerschöpfung, Hitzschlag und Sonnenstich.

Ist der menschliche Körper längere Zeit höherer Umgebungstemperatur ausgesetzt, so versucht er über verstärktes Schwitzen seine Temperatur zu senken. Dabei kommt es zu beträchtlichen Wasser- und Salzverlusten. Wenn diese nicht durch ausreichendes Trinken ausgeglichen werden, kann sich

3 Ausrüstung und Handlungsempfehlungen

eine **Hitzeerschöpfung** entwickeln. Diese ist durch körperliche Erschöpfung, starkes Durstgefühl, schnellen schwachen Puls (Kreislaufschwäche) und eventuell durch Erregung und Verwirrtheit zu erkennen. Der Patient mit Hitzeerschöpfung wird vom Ersthelfer in kühlere Umgebung verbracht, flach bzw. in Schocklage gelagert und soll, bei vorhandenem Bewusstsein, eine ausreichende Menge Wasser zu trinken bekommen.

Beim **Hitzschlag** dagegen kann es nach längerer Überwärmung des Körpers zur völligen Einstellung der Schweißproduktion kommen. Dabei entsteht ein Hitzestau. Oft behindern unzweckmäßige Kleidung oder feucht-schwüle Klimabedingungen die Wärmeabgabe. Dies kann zu Bewusstseinsveränderungen bis hin zur Bewusstlosigkeit und eventuell zu Krampfanfällen führen. In dieser Situation besteht die Erste Hilfe – sofern der Patient bei Bewusstsein ist – aus der Lagerung mit erhöhtem Oberkörper und einer vorsichtigen Kühlung (Patient soweit wie möglich entkleiden und die Körperoberfläche mit kaltem Wasser benetzen).

Beim **Sonnenstich** handelt es sich um eine Gehirnhautreizung durch direkte Sonneneinstrahlung auf den ungeschützten Kopf. Der Betroffene hat einen hochroten, heißen Kopf, ist benommen und kann unter Schwindel, Übelkeit und Erbrechen leiden; in besonders schweren Fällen kommt es zur Bewusstlosigkeit. Auch hier sollte der Patient – sofern er bei Bewusstsein ist – mit leicht erhöhtem Oberkörper in kühler Umgebung gelagert werden. Der Kopf wird zusätzlich mit feuchten Tüchern gekühlt. Ein Sonnenstich kann in allen Jahreszeiten auftreten.

3.2 Handlungsempfehlungen zur Ersten Hilfe

Krampfanfälle

Krampfanfälle werden durch vorübergehende Funktionsstörungen im Gehirn ausgelöst und äußern sich durch unwillkürliche Muskelspannungen und/oder Muskelzuckungen. In der Regel ist der Patient dabei ohne Bewusstsein. Meistens hören diese Zuckungen nach zwei bis fünf Minuten auf. Daran schließt sich eine mehrere Minuten dauernde Nachschlafphase an, in der der Patient anfangs nicht atmet bzw. die Atemtätigkeit verzögert, ggf. mit insuffizienten Atemzügen beginnend, wiedereinsetzt. Während des Krampfes soll der Patient vor äußeren Verletzungen geschützt werden. Das Einführen von Gummikeilen oder ähnlichen Gegenständen ist zu unterlassen. Wenn der Atemstillstand ausnahmsweise länger als zwei Minuten dauert, muss beatmet werden. Patienten in der Nachschlafphase sind wie Bewusstlose zu versorgen.

Schädel-Hirn-Verletzungen

Von einer Schädel-Hirn-Verletzung spricht man, wenn sowohl der Schädel als auch das Gehirn verletzt sind. Schädel-Hirn-Verletzungen werden in verschiedene Schweregrade eingeteilt. Nach einer Gehirnerschütterung ist der Patient zunächst bewusstlos, kommt dann wieder zu sich, hat aber eine Gedächtnislücke und ist verwirrt. In dieser Situation muss der Patient durch beruhigendes Einwirken vor gefährlichen Handlungen und körperlicher Anstrengung bewahrt werden. Bei fortbestehender Bewusstlosigkeit ist von einer höhergradigen Schädel-Hirn-Verletzung auszugehen. Diese Patienten werden wie alle Bewusstlosen versorgt, offene Wunden werden steril abgedeckt.

3 Ausrüstung und Handlungsempfehlungen

Schlaganfall

Der Schlaganfall kommt durch Durchblutungsstörungen in Teilen des Gehirns zustande. Sofern der Kranke dadurch nicht bewusstlos ist, kann der Ersthelfer Lähmungserscheinungen (Halbseitenlähmung, hängender Mundwinkel, Sprachstörungen usw.) erkennen. Wenn keine Bewusstlosigkeit vorliegt, kann der Erkrankte mit erhöhtem Oberkörper (ca. 30° – 40°) gelagert werden, bekommt Sauerstoff und wird überwacht.

Schlangenbiss

Damit nach einem Schlangenbiss möglichst wenig Gift in den Blutkreislauf gelangt, soll der Patient am besten Körperruhe einhalten und die betreffende Extremität ist ruhigzustellen.

Stromschlag/Blitzunfall

Achtung:
Bei Stromunfällen Eigenschutz beachten!

Auch wenn kein Kreislaufstillstand und keine Bewusstlosigkeit vorliegt und sich der Patient subjektiv wohl fühlt, können sich noch bis zu 24 Stunden nach dem Stromschlag lebensbedrohliche Herzrhythmusstörungen einstellen. Je nach Intensität der Stromeinwirkung hat der Patient schwere innere Verbrennungen, die von außen nicht zu sehen sind. Deshalb muss der Verunfallte immer vom Rettungsdienst oder einem Arzt gesichtet werden. Bis dahin muss er ständig überwacht werden, damit Komplikationen wie Kreislaufstillstand oder Bewusstlosigkeit sofort erkannt und behandelt werden können.

3.2 Handlungsempfehlungen zur Ersten Hilfe

Unterkühlung

Eine ernsthafte Unterkühlung liegt dann vor, wenn die Körperkerntemperatur (diese kann anhand der Körperoberflächentemperatur nicht abgeschätzt werden) unter eine kritische Grenze sinkt. Unterhalb dieser kritischen Grenze kommt es zur Bewusstseinsdämpfung, dann zur Bewusstlosigkeit, anschließend zu einer flacheren und langsameren Atmung, schließlich zur Verlangsamung des Herzschlages und zuletzt zum Kreislaufstillstand.

In diesen schweren Fällen von Unterkühlung besteht die Gefahr, dass bei Bewegung des Patienten noch kälteres Körperschalenblut in den Körperkern fließt und die Körperkerntemperatur weiter absinkt. Um dies zu vermeiden, soll der Patient so wenig wie möglich bewegt werden. Er darf nicht angewärmt und muss vor weiterer Auskühlung geschützt werden (z. B. durch Thermopack*).

Wenn nötig sind stabile Seitenlage, Beatmung und Herzdruckmassage durchzuführen; Sauerstoffgabe ist immer sinnvoll.

Unterzucker

Bei Patienten, die an der Zuckerkrankheit leiden, kann der Zuckergehalt des Blutes zu hoch oder zu niedrig sein. Beides führt, sobald der jeweilige kritische Wert erreicht wird, zur Bewusstlosigkeit. Folgende Anzeichen deuten auf Unterzucker hin: Zittrigkeit, Schwäche, Heißhunger, Schweißausbruch und Verwirrtheit. Bei vermutetem Unterzucker und ausreichender Bewusstseinslage soll dem Patienten Zucker zugeführt werden. Am besten eignen sich dafür Traubenzucker und stark zu-

3   Ausrüstung und Handlungsempfehlungen

ckerhaltige Getränke. Falls Überzucker vorliegen sollte, ist die so noch zusätzlich zugeführte Zuckermenge unbedenklich.

Verätzung

Bei Verätzungen der Haut oder der Augen sind die betroffenen Körperstellen ausreichend lange mit Wasser oder anderen geeigneten Flüssigkeiten zu spülen. Neutralisationsversuche sind zu unterlassen.

Ausnahme: Bei ungelöschtem Kalk muss vor der Spülung eine mechanische Reinigung erfolgen.

Vergiftung

Gifte können vom menschlichen Körper durch den Mund, die Atmung, Haut- oder Schleimhautkontakt oder per Injektion aufgenommen werden. Die vielen Vergiftungsmöglichkeiten können verschiedenste Giftwirkungen hervorrufen.

Grundsätzlich ist zwar eine Giftentfernung anzustreben (z. B. Abwaschen bei Kontaktgiften). Medikamente oder verdorbene Nahrungsmittel dürfen durch Erbrechen wieder aus dem Magen entfernt werden. Bei bewusstseinsgetrübten Patienten darf jedoch keinesfalls ein Erbrechen ausgelöst werden (Erstickungsgefahr). Bei Vergiftungen mit Stoffen, die normalerweise nicht durch den Mund aufgenommen werden sollen (Säuren, Laugen, Benzin, Reinigungsmittel etc.), darf ebenfalls kein Erbrechen ausgelöst werden. Um Zeit zu gewinnen, ist schon vor Eintreffen des Rettungsdienstes möglichst die Giftart festzustellen. Dazu sind Patient und Anwesende zu befragen und die Umgebung nach Hinweisen (Medikamentenschachteln im Abfalleimer, Verpackungen oder Reste von Schädlingsbekämpfungsmitteln etc.) abzusuchen.

3.2   Handlungsempfehlungen zur Ersten Hilfe

Achtung:

Bei Kontaktgiften Eigenschutz beachten (Handschuhe, Beatmungshilfe)!

3.2.4 Maßnahmen der ersten Untersuchung

Ansprechen

Dazu ist der Patient aus nächster Nähe mit ausreichender Lautstärke anzusprechen (Bild 9a und b). Falls er darauf nicht reagiert, ist er zu rütteln.

Schmerzreize setzen

Dies erfolgt durch mehrmaliges Kneifen am Oberkörper und/oder am Nasensteg im Gesicht.

- **gezielte Reaktion:** Der Patient versucht durch Bewegung den Schmerzreiz abzuwehren (z. B. Patient greift nach der Hand, die ihn kneift).
- **ungezielte Reaktion:** Die Patientenbewegung erscheint unkoordiniert (z. B. Patient wälzt sich, statt nach Hand zu greifen).

3   Ausrüstung und Handlungsempfehlungen

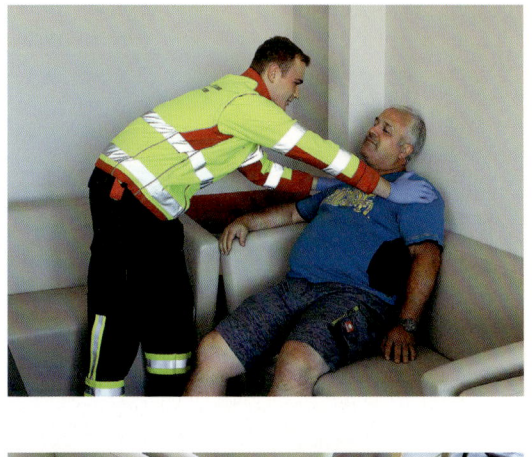

Bild 9a und b: *Regungslose Personen sind zuerst laut anzusprechen, ggf. im Anschluss zu rütteln.*

3.2 Handlungsempfehlungen zur Ersten Hilfe

Atemkontrolle

Beim bewusstlosen Patienten ist der Kopf zu überstrecken, das eigene Gesicht über Mund und Nase zu halten und dabei auf einen fühlbaren Atemluftstrom und sichtbare Brustkorbbewegungen zu achten (Bild 10).

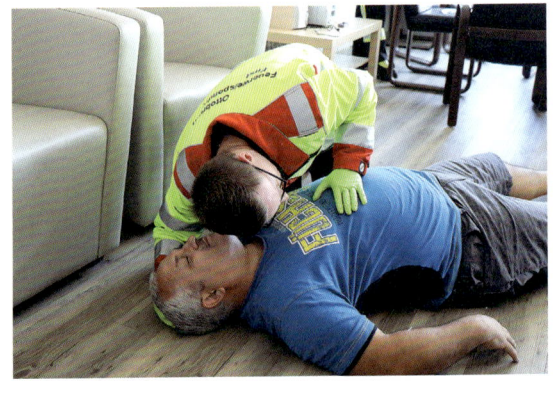

Bild 10: *Überprüfung der Atmung*

Merke:

In Ruhe atmet der Erwachsene etwa zwölf Mal in der Minute. Besteht kein Hinweis auf eine Atemstörung (Atemstillstand, Schnappatmung, Blaufärbung von Haut und Schleimhäuten oder subjektive Atemnot) ist die Atmung ausreichend.

3 Ausrüstung und Handlungsempfehlungen

Pulskontrolle

Die Pulskontrolle erfolgt üblicherweise am Handgelenk oder am Hals; bei Kleinkindern an der Innenseite des Oberarmes.

Bei ansprechbaren Patienten wird der Puls zunächst am Handgelenk gefühlt. Beim Bewusstlosen mit normaler Atemtätigkeit ist der Puls an beiden Halsschlagadern **nacheinander** für jeweils fünf Sekunden zu tasten (Bild 11):

- **normaler Pulsschlag:** In Ruhe hat der Erwachsene einen Puls von etwa 60 bis 70 Schlägen in der Minute; bei guten Kreislaufverhältnissen ist er auch am Handgelenk meist kräftig tastbar.
- **schneller, schwacher Puls:** Der Puls ist auffällig schnell (mehr als 100 Schläge pro Minute); er ist fadenförmig, kaum tastbar, eventuell am Handgelenk gar nicht mehr tastbar.

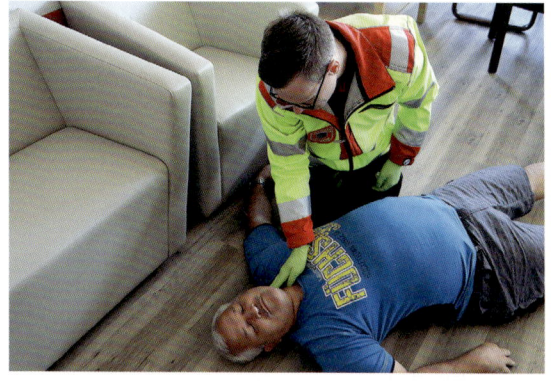

Bild 11: *Pulskontrolle an der Halsschlagader*

3.2 Handlungsempfehlungen zur Ersten Hilfe

Merke:

Kinder haben einen schnelleren Pulsschlag als Erwachsene!

3.2.5 Maßnahmen der erweiterten Ersten Hilfe

Atemwege freimachen/absaugen

Das Freimachen der Atemwege erfolgt in folgender Reihenfolge:

- Kopf überstrecken
- Mund öffnen, Mundhöhle inspizieren
- evtl. Fremdkörper entfernen (z. B. lose Zahnprothesen)
- evtl. Mundhöhle unter Beißschutz mit zwei Fingern ausräumen (Handschuhe!)
- evtl. Flüssigkeiten mit der Absaugpumpe absaugen

Das Absaugen ist grundsätzlich durch Mund und Nase möglich. Dies ist ungefährlich; allerdings darf bei schweren Mittelgesichtsverletzungen nicht durch die Nase abgesaugt werden.

Beatmung

Die Beatmung durch die First Response-Einheit sollte mit einem automatischen Notfallbeatmungsgerät erfolgen (Bild 12). Falls ein derartiges Beatmungssystem nicht zur Verfügung steht, kann auf ein Masken-Beutel-System bzw. ein Taschenmasken-Filter-System unter zusätzlicher Sauerstoffzufuhr zurückgegriffen werden. Zur Beatmung ist grundsätzlich ein Guedeltubus einzulegen. Kommt ein Oxylator-System zum Einsatz, wird die

101

3   Ausrüstung und Handlungsempfehlungen

Beatmungsmaske über Mund und Nase mit beiden Händen dichtgehalten, der Kopf überstreckt und das Kinn angehoben (Chin-Lift).

Bei dem Einsatz von Masken-Beutel-Systemen wird die Beatmungsmaske mittels dem Doppel-C-Griff auf dem Gesicht des Patienten abgedichtet, Kopf überstreckt und das Kinn angehoben. Wird ein Taschenmasken-Filter-System verwendet, bläst der Helfer seine Ausatemluft in das System und dichtet dabei mit beiden Händen die Maske auf dem Gesicht des Patienten ab. Während des passiven Ausatmungsvorganges des Patienten holt der Helfer in ausreichender Entfernung vom Mundstück frische Luft.

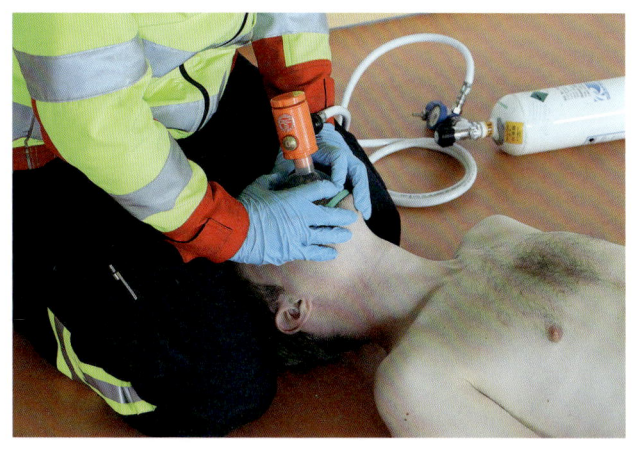

Bild 12: *Beatmung mit dem Oxylator-System*

3.2 Handlungsempfehlungen zur Ersten Hilfe

Die Richtwerte für die Beatmungsfrequenz, das Beatmungs-volumen und den entsprechenden Sauerstoffflow bei einem Masken-Beutel- bzw. Taschenmasken-Filter-System können der Tabelle 5 entnommen werden. In der Praxis wird bei allen Altersgruppen eine sichtbare Brustkorbhebung als ausreichen-des Beatmungsvolumen gewertet.

Tabelle 5: *Angaben zur Beatmung von Erwachsenen und jugendlichen, Kindern und Säuglingen mit dem Maske-Filter-System*

	Beatmungs-volumen	Frequenz	Sauerstoff-flow
Erwachsene und Jugend-liche	ca. 0,8 l (etwa eigenes Atemvolumen)	ca. 12/min	15 l/min
Kinder	ca. 0.4 l	ca. 16/min	10 l/min
Säuglinge	20 ml (Schnapsglas, Backeninhalt)	ca. 20/min	5 l/min

Herzdruckmassage

Der richtige Druckpunkt für die Herzdruckmassage befindet sich in der unteren Hälfte des Brustbeines (Bild 12). Zur Herz-druckmassage wird das Brustbein 100 bis 200 mal pro Minute 5 bis 6 cm tief senkrecht in Richtung Wirbelsäule gedrückt (Bild 13). Bei Kleinkindern befindet sich der richtige Druck-punkt in der Mitte des Brustbeines (in Höhe der Brustwarzen); die Drucktiefe beträgt 1/3 bis 1/2 der Brustkorbhöhe.

3   Ausrüstung und Handlungsempfehlungen

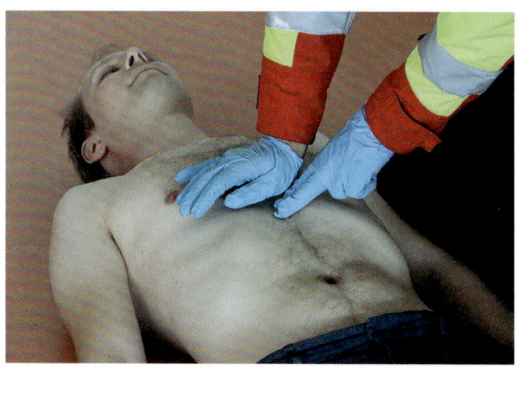

Bild 13: *Vor Beginn der Herzdruckmassage muss der Druckpunkt gesucht werden.*

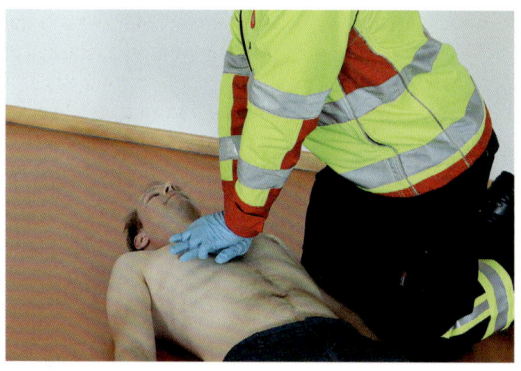

Bild 14: *Herzdruckmassage*

3.2 Handlungsempfehlungen zur Ersten Hilfe

Herz-Lungen-Wiederbelebung

Die klassische Herz-Lungen-Wiederbelebung besteht aus Beatmung und Herzdruckmassage. Dazu muss der Patient auf einer harten Unterlage (in der Regel auf dem Boden) liegen und die Atemwege müssen freigemacht werden.

Herzdruckmassage und Beatmung erfolgen im Verhältnis 30:2. Die Herzdruckmassage wird zur Beatmung für die Dauer der Beatmung unterbrochen (aktive Ausatmung nach der zweiten Beatmung durch Beginnen der Herzdruckmassage). Nach der zweiten Beatmung erfolgt eine aktive Ausatmung durch Beginn der Herzdruckmassage, um die Unterbrechung der Herzdruckmassage so kurz wie möglich zu halten.

AED-Einsatz/Defibrillation mit AED

Zur Herz-Lungen-Wiederbelebung durch die First Response-Einheit gehört auch der Einsatz eines automatisierten externen Defibrillators (AED). Diese für medizinische Laien konzipierten Geräte übernehmen die Diagnostik, empfehlen, wenn nötig, das Auslösen eines Elektroschocks und führenden Ersthelfer durch die Reanimation (Bild 15a und b). Bereits mit dem Einschalten des Gerätes wird der Anwender vom Gerät mittels Sprache instruiert: »Elektroden am Brustkorb aufkleben – Herz-Lungen-Wiederbelebung starten – …«.

3   Ausrüstung und Handlungsempfehlungen

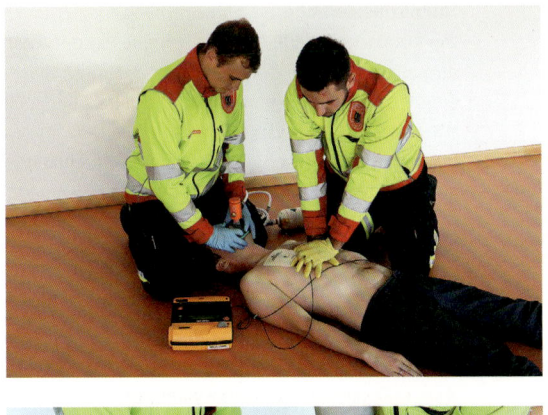

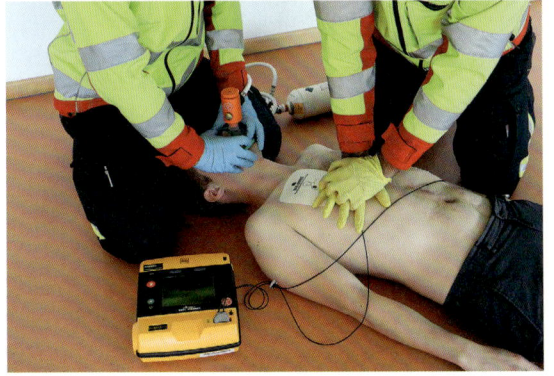

Bild 15a und b: *Herzlungen-Wiederbelebung mit AED-Einsatz*

3.2 Handlungsempfehlungen zur Ersten Hilfe

Stabile Seitenlage

Die stabile Seitenlage dient dem Freihalten der Atemwege bei Bewusstlosigkeit. Sie verhindert das Ersticken an der eigenen Zunge durch Überstrecken des Kopfes und die Verlegung der Atemwege durch Erbrochenes oder Blut. Dazu muss der Mund der tiefste Punkt des Körpers sein, damit Flüssigkeiten nach außen abfließen können.

Die stabile Seitenlage wird folgendermaßen ausgeführt:

- Den nahen Arm im 90° Winkel nach oben ablegen
- Den entfernten Arm an die gegenüberliegende Wange führen
- Das entfernte Bein aufstellen
- Mit dem angewinkelten Bein den Patienten behutsam drehen (Hebelwirkung)
- Kopf in den Nacken überstrecken

Kleinkinder/Säuglinge sind in die Bauchlage zu bringen, bis das Längenwachstum es zulässt die reguläre stabile Seitenlage auszuführen.

3   Ausrüstung und Handlungsempfehlungen

Bild 16a: *Nahen Arm im 90° Winkel nach oben ablegen.*

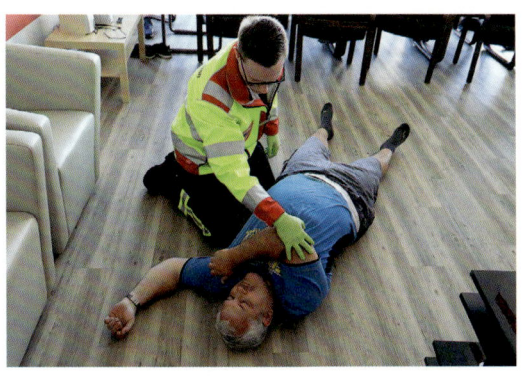

Bild 16b: *Entfernten Arm auf die gegenüberliegende Seite führen*

3.2   Handlungsempfehlungen zur Ersten Hilfe

Bild 16c: *Entferntes Bein aufstellen*

Bild 16d: *Mit dem angewinkelten Bein Patienten behutsam drehen (Hebelwirkung)*

3 Ausrüstung und Handlungsempfehlungen

Bild 16e: *Kopf in den Nacken überstrecken*

Sauerstoffgabe
Die Anreicherung der Atemluft des Patienten erfolgt mittels Klarsicht-Gesichtsmaske. Sollte ein Patient aus psychischen Gründen die Anwendung der Maske nicht tolerieren, so kann die Sauerstoffgabe über eine Sauerstoffbrille oder eine Nasensonde erfolgen.

Bei Erwachsenen wird der Sauerstoffdurchflussregler auf 8 l/min eingestellt. Bei Kindern kann der Sauerstofffluss auf 4 l/min reduziert werden.

Druck auf Wunde/Druckverband
Lebensbedrohliche äußere Blutungen können durch ausreichenden Druck auf die Wunde gestillt werden. Dieser Druck auf die Wunde kann zum einen dadurch erfolgen, dass ein

3.2 Handlungsempfehlungen zur Ersten Hilfe

Helfer (Handschuhe!) eine Verbandkompresse auf die Wunde presst. Zum anderen kann mit einer Dreiecktuchkrawatte oder einer Mullbinde ein Druckverband angelegt werden. Sollte die Kompression der Wunde durch den Druckverband nicht ausreichen, kann bei starken Extremitätenblutungen (Schussverletzungen, Sprengstoffanschlag) ein Abbindesystem (Tourniquet, Israeli Bandage etc.) zum Einsatz kommen.

Schockbekämpfung
Zur Schockbekämpfung wird folgendermaßen vorgegangen:

- Verletzten hinlegen
- lebensbedrohliche Blutungen stillen
- Beine hochhalten oder hoch lagern
- Körperwärme erhalten (evtl. Thermopack)

Sind Beine oder Becken offensichtlich gebrochen oder hat der Patient Atemnot, so ist auf das Hochlagern der Beine zu verzichten.

Retten mit Rettungstuch
Muss ein ernsthaft Verletzter oder Erkrankter vom Erste-Hilfe-Team ausnahmsweise über eine kurze Strecke transportiert werden, sollte dies möglichst mit dem Rettungstuch geschehen. Im Gegensatz zu anderen Methoden (z. B. Rautek-Rettungsgriff), ist das Tragen mit dem Rettungstuch für den Patienten wesentlich schonender und erspart ihm später beim Umlagern auf die Trage des Rettungsdienstes weitere Belastungen.

Dazu wird der Verletzte von möglichst vielen Helfern unter manueller Stabilisierung (Patienten möglichst wenig in sich

3   Ausrüstung und Handlungsempfehlungen

selbst bewegen!) auf das vorbereitete Rettungstuch gehoben.
Gebrochene Gliedmaßen werden dabei unter Zug gehalten.
Das gleichzeitige Anheben erfolgt auf Kommando des Helfers
am Kopf des Patienten.

Kaltwasser-Anwendung
Verbrannte oder verbrühte Körperstellen sind für mindestens
fünf Minuten mit handwarmen Wasser (Leitungswasser) zu
kühlen. Dabei muss eine mögliche Unterkühlung vermieden
werden, besonders bei Kindern ist darauf zu achten. Deshalb
darf kein zu kaltes Wasser oder gar Eiswasser verwendet
werden. Die optimale Temperatur des Wassers beträgt um
die 20° C.

Thermopack
Wenn ein ernsthaft Erkrankter oder Verletzter längere Zeit im
Freien liegen muss, ist er durch Thermopack vor Unterkühlung
zu schützen. Die unterste bzw. äußere Schicht bildet eine
Einmaldecke, die mittlere Schicht das Rettungstuch, die obers-
te bzw. innere Schicht die Alu-Wärmefolie. Darauf wird der
Patient gelagert, anschließend wird er darin eingeschlagen. Bei
Eintreffen des Rettungsdienstes kann der Patient dann mit dem
Rettungstuch auf die Trage des Rettungsdienstes gehoben
werden.

4 First Response-Systeme

4.1 Feuerwehren

Bei den Feuerwehren in Deutschland sind die nachfolgend beschriebenen First Response-Systeme zu finden.

Stationäres System bei Freiwilligen Feuerwehren

Beim stationären System befindet sich das Einsatzfahrzeug, das für den First Response-Einsatz genutzt wird, im Feuerwehrhaus. Bei einem Alarm begeben sich die Mitglieder der First Response-Gruppe, die gerade vor Ort und einsatzbereit sind, zum Feuerwehrhaus und rücken aus. Bei diesem System ist kein Dienstplan erforderlich. Als Einsatzfahrzeug kann ein reguläres Feuerwehreinsatzfahrzeug aus der Regelvorhaltung (z. B. MTW oder HLF) oder ein speziell für den Frist Response-Dienst beschafftes Fahrzeug (meist Pkw) genutzt werden. Das stationäre System hat Vorteile und auch Nachteile.

Vorteile:

- Kein Dienstplan notwendig.
- Keine Anschaffungskosten und keine Unterhaltskosten für ein zusätzliches Fahrzeug.
- Beim verwendeten Fahrzeug nur geringe zusätzliche Kosten für die bei First Response-Einsätzen gefahrenen Kilometer.
- Das Fahrzeug steht regulär in der Fahrzeughalle und ist vor Witterungseinflüssen geschützt.
- Das Fahrzeug kann mit mehr als zwei Einsatzkräften besetzt werden. Dadurch können am Einsatzort

4 First Response-Systeme

neben der Versorgung des Patienten weitere Aufgaben übernommen werden.

- Durch die Besetzung mit mehr als zwei Einsatzkräften kann durch den häufigeren Einsatz der einzelnen, gerade in Gebieten mit geringem Einsatzaufkommen, mehr Routine erworben werden.

Nachteil:

- Etwas längere Ausrückezeit als beim mobilen System.

Das stationäre System ist vor allem für kleinere Ortschaften in einer ländlichen Region mit kurzen Wegen zum Feuerwehrgerätehaus und geringem Verkehrsaufkommen geeignet.

4.1 Feuerwehren

Bild 17a und b: *Einsatzfahrzeuge im stationären System (Fotos: Klaus Fischer)*

Mobiles System bei Freiwilligen Feuerwehren

Beim mobilen System befindet sich das Einsatzfahrzeug bei der diensthabenden Einsatzkraft. Bei diesem System ist ein Dienstplan erforderlich. Als Einsatzfahrzeuge werden speziell für den Frist Response-Dienst beschaffte Fahrzeuge (meist Pkw) genutzt. In aller Regel sind zwei dieser Fahrzeuge im Dienst. Steht nur ein Fahrzeug zur Verfügung, kann das System als »Abholsystem« funktionieren. Die Einsatzkraft, bei der sich das Einsatzfahrzeug befindet, holt bei Alarm, bevor sie zum Einsatzort fährt, die zweite diensthabende Einsatzkraft ab. Sinnvoll ist das nur, wenn sich die zweite Einsatzkraft in relativer Nähe befindet. Das mobile System hat Vorteile und auch Nachteile.

4   First Response-Systeme

Bild 18: *Einsatzfahrzeuge im mobilen System (Foto: Klaus Fischer)*

Vorteil:

- Schnellere Ausrückezeit als beim stationären System.

Nachteile:

- Dienstplan notwendig.
- Einschränkung der Bewegungsfreiheit und der Aktivitäten der Diensthabenden für die Zeit des Dienstes (in der Regel 24 Stunden).
- Hohe Anschaffungskosten und auch Unterhaltskosten für ein zusätzliches Fahrzeug.
- Beim verwendeten Fahrzeug hohe zusätzliche Kosten wegen der gefahrenen Kilometer, da die Diensthabenden das Fahrzeug während der Dienstzeit auch für alle privaten Wege und Fahrten (z. B. Fahrten zur Arbeitsstelle und zum Einkaufen) benutzen müssen.

4.1   Feuerwehren

- Das Fahrzeug steht in der Regel im Freien und ist vor Witterungseinflüssen nicht geschützt.

Das mobile System ist vor allem in größeren Kommunen mit einem größeren Verkehrsaufkommen (z. B. Gemeinden im Einzugsgebiet größerer Städte) sinnvoll.

HLF-System bei Berufsfeuerwehren

Bei Berufsfeuerwehren sowie bei Freiwilligen Feuerwehren mit einer durch hauptamtliche Kräfte ständig besetzten Feuerwache wird überwiegend nach dem HLF-System verfahren. Bei einem First Response-Einsatz rücken hauptamtliche Kräfte mit einem Hilfeleistungs-Löschgruppenfahrzeuge (HLF) aus.

Bild 19: *HLF der Berufsfeuerwehr München (Foto: Berufsfeuerwehr München)*

4 First Response-Systeme

Die Berufsfeuerwehr München führte bereits 1997 das HLF-System ein. Wissenschaftliche Studien aus den Jahren 2000 und 2001 belegen die Effizienz des Systems bei der Berufsfeuerwehr München. Bei knapp der Hälfte der First Response-Einsätze trafen die HLF vor dem Rettungsdienst am Notfallort ein. Dadurch könnte das therapiefreie Intervall durchschnittlich um etwa drei Minuten verkürzt werden. Vor allem bei einem Herz-Kreislauf-Stillstand kann diese Zeit über Leben und Tod entscheiden.

4.2 Weitere Systeme

An weiteren Systemen ist an dieser Stelle auf das »Helfer vor Ort-System« des Roten Kreuzes und die Smartphone-basierte Ersthelfer-Alarmierung einzugehen.

Helfer vor Ort des Roten Kreuzes

Die »Helfer vor Ort« werden parallel zum Rettungsdienst alarmiert, um das therapiefreie Intervall bis zum Eintreffen des Rettungsdienstes mit Maßnahmen der erweiterten Ersten Hilfe zu überbrücken. Die »Helfer vor Ort« sind Mitglied in einer Rot Kreuz-Bereitschaft und verfügen mindestens über eine Sanitätsausbildung (48 Unterrichtseinheiten). Die notwendige Ausrüstung (Sanitätsrucksack und AED) wird vom Roten Kreuz gestellt. In der Regel kommen die »Helfer vor Ort« einzeln zum Einsatz. Für die Fahrt zum Notfallort wird meist ein Privatfahrzeug genutzt. Die Straßenverkehrsordnung muss bei der Fahrt zum Einsatzort beachtet werden.

4.2   Weitere Systeme

Gegenüber den bei den Feuerwehren etablierten Konzepten (Einsatzfahrzeug mit Sondersignalen und BOS-Funk sowie in aller Regel mindestens zwei Einsatzkräfte) hat das oben beschriebene Konzept offenkundig Nachteile.

Smartphone-basierte Ersthelfer-Alarmierung

Die Smartphone-basierte Ersthelfer-Alarmierung basiert auf dem Konzept von »Mobile Retter e. V.«. Letztlich ist es eine Weiterentwicklung des »Nachbarschafts-Helfer-Konzeptes«, das in den 1980er Jahren angedacht war, aber keine große Verbreitung fand.

Medizinisch qualifizierte Personen, die sich in unmittelbarer Nähe zum Notfallort befinden, werden, wenn sie sich als Ersthelfer registriert haben, durch die GPS-Komponente ihrer Smartphones geortet und bei den Meldebildern »bewusstlose Person« und »Herz-Kreislauf-Stillstand« parallel zum Rettungsdienst alarmiert. Sie sollen sich zu Fuß, per Fahrrad oder Kraftfahrzeug und ohne notfallmedizinische Ausrüstung zum Notfallort begeben.

Als Ersthelfer sollen Personen mit den folgenden Qualifikationen tätig werden können: Angehörige von Hilfsorganisationen (ASB, DRK, JUH, MHD, DLRG, THW) mit mindestens Sanitätsausbildung, Ärzte, Rettungsdienstmitarbeiter, Feuerwehrangehörige, Gesundheits- und Krankenpfleger, Absolventen der Ausbildung zum Einsatzersthelfer Alpha oder Bravo bei der Bundeswehr.

Aus Sicht des Autors kann dieses Konzept einen klassischen First Response-Dienst nicht ersetzen. Möglich ist es aber, dass beim »Herz-Kreislauf-Stillstand« bereits vor dem Eintreffen einer First Response-Einheit oder des Rettungsdienstes von

4 First Response-Systeme

diesen Ersthelfern mit der einfachen Herz-Lungen-Wiederbelebung begonnen wird.

Fazit

Die Idee, bei bestimmten medizinischen Notfällen parallel zum Rettungsdienst speziell ausgebildete und ausgerüstete Ersthelfer der örtlichen Feuerwehr zu alarmieren, damit diese bereits vor dem Eintreffen des Rettungsdienstes erweiterte Erste Hilfe leisten können, ist mittlerweile akzeptiert. First Response-Konzepte, die ab Mitte der 1990er Jahre bei Feuerwehren umgesetzt wurden, haben sich bewährt. Mittlerweile wurde bei einer sehr großen Zahl von Feuerwehren ein First Response-Dienst eingerichtet. Letztlich haben sich die Anstrengungen der Initiatoren der ersten Modellprojekte, zu denen auch der Autor dieser Publikation zählt, gelohnt. Wahrscheinlich haben nicht nur die erfolgreich verlaufenen Modellprojekte zu einer schnellen Verbreitung der Idee und der Konzepte geführt, sondern auch die Pressearbeit, die über etwa zehn Jahre erfolgte. Ein großer Teil dieser Pressearbeit wurde durch den Autor geleistet. Nahezu regelmäßig wurde bis in die ersten Jahre des neuen Jahrtausends durch Beiträge in Fachzeitschriften sowie Berichte in Tageszeitungen und Sendungen im Fernsehen, die angestoßen wurden, »Ideen und Konzepte« unter die »Feuerwehrleute«, gebracht.

Wünschenswert ist, dass sich eine große Zahl weiterer Feuerwehren dieser Idee öffnen und einen First Response-Dienst einrichtet. Bei Überlegungen, ob ein solcher Dienst eingerichtet werden kann, sollten sich Führungskräfte nicht von »aufgeblähten Systemen«, die an manchen Orten zu finden sind, irritieren lassen. Bei First Response geht es darum,

Fazit

bei einigen wenigen lebensbedrohlichen medizinischen Notfällen »erweiterte Erste Hilfe« zu leisten. Für einen First Response-Dienst sind neben einer überschaubaren Ausbildung von 12 Einsatzkräften ein Notfallrucksack mit Basisausstattung, ein AED sowie ein Feuerwehrfahrzeug aus Regelvorhaltung ausreichend.

Abkürzungen

AED	Automatisierter externer Defibrillator
ARGE	Arbeitsgemeinschaft
BGB	Bürgerliches Gesetzbuch
BGH	Bundesgerichtshof
BGHZ	Entscheidungen des BGH in Zivilsachen
BtMG	Betäubungsmittelgesetz
FR	First Responder
GG	Grundgesetz
HeilprG	Heilpraktikergesetz
HLF	Hilfeleistungs-Löschgruppenfahrzeug
IBSR	Institut für Bildung und Systemforschung im Rettungswesen e. V.
LF	Löschgruppenfahrzeug
NAW	Notarztwagen
NEF	Notarzt-Einsatzfahrzeug
NotSanG	Notfallsanitätergesetz
RTH	Rettungstransporthubschrauber
RTW	Rettungswagen
StGB	Strafgesetzbuch
StVO	Straßenverkehrsordnung
OWiG	Ordnungswidrigkeitengesetz

Literaturverzeichnis

Ballier, R., Automatische externe Defibrillatoren (AED): Wie sie funktionieren, was sie können. In: Rettungsdienst, 2001, S. 26 f.

Bastl B., First Resonder – Dienste bei Freiwilligen Feuerwehren in Bayern: Entwicklung – Konzepte – Leistungsfähigkeit; Diplomica Verlag, Hamburg, 2018.

Behrend H., Schmiedel R., Auerbach K., Das rettungsdienstliche Leistungsgeschehen in Deutschland zwischen 1994/95 und 2016/17. In: Mendel Verlag (Hrsg.), Handbuch des Rettungswesens, Bochum, Erg.lfg. 2/2020, A 5.2 – 10 (vgl. zur Zunahme der Eintreffzeit des ersten Rettungsmittels im Zeitraum 1994 bis 2017 insbes. S. 8, Abb. 2; zur Verdoppelung der Notfalleinsätze des Rettungsdienstes im Zeitraum 1994 bis 2017 insbes. S. 11, Tab. 4).

Brandt T., Wirtz S., Erste Hilfe im Einsatzdienst, Rotes Heft 19, Verlag W. Kohlhammer, Stuttgart, 2002.

Bundesärztekammer, Empfehlung der Bundesärztekammer zur Defibrillation mit AED durch Laien. In: Deutsches Ärzteblatt, 2001, Heft 18, S. B 1035.

DGVU (Hrsg.), Handbuch zur Ersten Hilfe, DGUV Information 204-007, Berlin, 2017.

Enzmann V., Pittel M., Rossol M., Maske-Beutel- oder Mund-zu-Maske-Beatmung? In: Rettungsdienst, 1993, S. 604 ff.

Fischer P., Kenntnisse und Fertigkeiten zur Erste-Hilfe-Leistung in der Bevölkerung, Diplomica Verlag, Hamburg, 2018.

Hörner R., Helfer vor Ort: Welche Auswirkungen hat das Modell des DRK Hessen? In: Rettungsdienst, 2002, S. 1008 ff.

IBSR (Hrsg.), First Responder-Workshop 7. Februar 1999 München-Neubiberg, München, 1999 (Referateband zum Workshop) [zitiert: 1999a].

IBSR, First Responder: Seit fünf Jahren sind die Ersthelfer im Einsatz. In: Feuerwehr-Magazin, 1999, Heft 5, S. 46 ff. [zitiert: 1999b].

Literaturverzeichnis

Jocham N., Nadler G., Handlungsanweisungen für Feuerwehr-Erste-Hilfe-Teams (Standing Orders), EFB-Verlag, Erlensee, 1995.

Kantonsspital St. Gallen, Zentrum für Reanimations- und Simulationstraining (Hrsg.), Oxylator – Das automatische Notfallbeatmungsgerät; online abrufbar unter: https://www.kssg.ch/rea2000/oxylatorr-und-isimulate/oxylatorr (Informationen zum Oxylator FR-300), letzter Zugriff: 10.05.2022.

Koch B., Winkels S., Ausbildungsstand der Bevölkerung in Erster Hilfe. In: Notfall & Rettungsmedizin, 1998, S. 28 ff.

Maaß J., Wer zuerst hilft, hilft am besten. In: Rettungsdienst, 1994, S. 678 ff.

Maaß J., Erste Hilfe auf dem Lande: Die Feuerwehr kann's. In: Feuerwehr-Magazin, 1995, Heft 3, S. 24 f.

Nadler G., Feuerwehr-Erste-Hilfe-Trupps: Eine Strategie gegen das therapiefreie Intervall. In: 112 – Magazin der Feuerwehr, 1994, S. 492 ff.

Nadler G., Jocham N., Modellprojekt Helfendorf: Studienbericht zum Modellprojekt Feuerwehr-Erste-Hilfe-Trupps, München, 1998; letzter Nachdruck im Verlag ecomed Sicherheit, Landsberg, 2007 (zitiert: 1998a).

Nadler G., Jocham N., Erste-Hilfe-Trupps erfolgreich. In: BRANDSchutz/Deutsche Feuerwehr-Zeitung, 1998, S. 834 f. (zitiert: 1998b).

Nadler G., First Responder-Workshop mit großer Resonanz. In: BRANDSchutz/Deutsche Feuerwehr-Zeitung, 1999, S. 259 f.

Nadler G., First Resonder-Kongreß in Bad Tölz: Eine Nachlese. In: BRANDSchutz/Deutsche Feuerwehr-Zeitung, 2001, S. 87

Nadler G., Jocham N., München: Laiendefibrillation jetzt auch durch die Polizei. In: Rettungsdienst, 2002, S. 83.

Nadler G., Zur Kompetenz von Rettungsassistent und Rettungssanitäter aus juristischer Sicht. In: BRANDSchutz/Deutsche Feuerwehr-Zeitung, 2009, S. 487 ff.

Nadler G., Straßenverkehrsrecht für Feuerwehr und THW, Verlag ecomed Sicherheit, Landsberg, 2011.

Literaturverzeichnis

Nadler G., Straßenverkehrsrecht für Rettungsdienst und Katastrophenschutz, Verlag ecomed Sicherheit, Landsberg, 2016.

Pfalzgraf U., Überprüfung der theoretischen Erste-Hilfe-Kenntnisse der Bevölkerung in der Bundesrepublik Deutschland, Würzburg, Univ. Diss., 1989.

Poguntke P., Freiwillige Feuerwehren im First-Responder-Einsatz. Ein Erfahrungsbericht aus dem Landkreis München. In: BRAND-Schutz/Deutsche Feuerwehr-Zeitung, 1996, S. 267 ff.

Russ W., Paul T., Würz S., Erstdefibrillation – wenn Sekunden zählen. In: BRANDSchutz/Deutsche Feuerwehr-Zeitung, 1999, S. 233 f.

Schmiedel R., Behrend H., Analyse des Leistungsniveaus im Rettungsdienst für die Jahre 2016 und 2017, Berichte der BASt, Heft M 290, NW Verlag, Bremerhaven, 2019 (vgl. zur Zunahme der Eintreffzeit des ersten Rettungsmittels im Zeitraum 1994 bis 2017 insbes. S. 54 f., Tab. 5.7; zur Verdoppelung der Notfalleinsätze des Rettungsdienstes im Zeitraum 1994 bis 2017 insbes. S. 53, Tab. 5.3).

Sladek W., Ruster V, Sinnvolles Konzept zur Verkürzung der Hilfsfristen (First Responder der Freiwilligen Feuerwehr Köln). In: IM EINSATZ, 2001, S. 70 ff.

Tries R., § 2a NotSanG: Ein Plazebo des Gesetzgebers? In: Rettungsdienst, 2021, S. 212 ff.